U0005498

台灣選舉史

華人世界最民主的國家
Taiwan

王御風——著

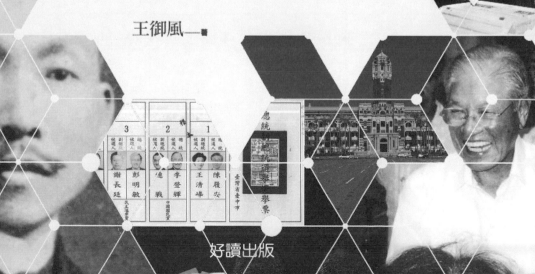

好讀出版

目錄
Contents

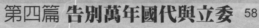

透過選票看臺灣歷史

　　馬上又是總統大選，每一個人手上的一票，決定了未來國家走向。在臺灣這個島上，從小學的班長、社區關係密切的村里長，一直到決定國家大政的總統，都是從這一張張選票誕生，這個源自於西方的民主，已經內化成臺灣生活一部分，也是全球華人地區唯一能如此落實的國家。

　　這種情形，絕非是一夕可成。臺灣選舉可說是一步一步，在執政者與爭取民主人士，經過許多抗爭及歷史機緣，才會有今天由下到上的全民民主誕生，每個人手中的那一票，都充滿著辛酸與苦難。

　　臺灣的民主啟蒙，源自於日治時期。日本人帶來了民主的概念，卻不願意在殖民地實施，經過1920年的文化抗日，林獻堂、蔣渭水等人的「臺灣文化協會」、「臺灣民眾黨」抗爭多時後，日人才在1935年11月22日實施第一次選舉，但這次破天荒的選舉僅是各市市會及各街庄協議會會員，相當於今日的直轄市及鄉鎮市議員，而且每個議會只有一半開放民選，另一半是官派，也就是說，無論反對派再怎麼厲害，官方還是能掌控議會。這次的選舉，可說是執政者為了安撫人民的不得不為，但也意外開啟了臺灣民眾的投票經驗。

　　1945年日本投降後，中華民國政府接收臺灣，國共內戰隨即爆

發，執政的中國國民黨為爭取民心，宣布進入憲政時期，開始實施選舉、制定憲法，臺灣也搭上這輛民主列車，不僅選出省及各縣市參議員，也參與立委、國民大會代表選舉，比起日治時期跨出一大步，但隨著政局演變，省、縣市參議員在二二八事件中受到莫大傷害，立委、國大也無法改選，使得此時期在1949年中華民國政府播遷來台後就需重新改變。

1949年政府來台後，為彰顯與中共不同，及美方盼望下，需要持續進行選舉，但風雨飄搖的中華民國政府，不敢像戰後舉行全面選舉，唯恐因選舉而失去政權，因此以戒嚴體制下的臨時條款，將中央民意代表（立委、國代、監委）需等光復大陸後再行改選為由，凍結中央級選舉，成為「萬年國代」、「萬年立委」，也不敢舉行省長選舉（臺灣省長管轄區域可能跟總統一樣大），僅舉行省議員及縣市長級以下的選舉，這也讓各縣市地方政治人物以縣長為目標，分派系爭奪，形成了著名的「地方派系」。

但這種違憲的限制性選舉，以及戒嚴體制下的黨禁、限制人民集會、結社的自由，引發了一波波的抗爭，1960年雷震以《自由中國》雜誌為基地，籌組「中國民主黨」，隨即以匪諜名義被逮捕，

讓抗爭消音。但執政黨無法讓人長生不老，隨著國代、立委的逐漸凋零，也需要補充新血，於是從1969年開始，所謂的「增補選」及「增額」開始出現，中央民代開始成為政治人物追逐的最高目標。反對執政黨的「黨外」也逐漸成形，並以「全面改選」為訴求，雙方終於在1979年的「美麗島事件」碰撞，但「黨外」並未因此消失，隨著社會氛圍改變，「黨外」人士於1986年正式成立民主進步黨，執政黨此次並未強力鎮壓，且在隔年取消戒嚴，讓臺灣進入「政黨時期」。

　　臺灣雖然取消戒嚴，但「萬年民代」問題仍存在，1990年的總統選舉，「萬年國代」的表現引起全民不滿，引發「野百合學運」，總統李登輝順勢展開修憲，不僅國會全面改選、省長、直轄市長也不再由官派，最終在1996年完成總統直選。

　　進入「全面民選」後，臺灣仍持續更改各項制度，將國民大會廢除、以立法院為「單一國會」，直轄市由臺北、高雄變成「六都」，公投法也付諸實施，而在一次　　　次投票中，臺灣也藉由投票實現「政黨輪替」，檯面上的兩大　　　黨均曾執政，也有其他政黨成立、擴張及衰微，臺灣的政　　　　治版圖變遷，更取決於每一

次選舉的每張選票，人民「當家作主」的心願，走了80年，正逐步實現。

　　本書以這80年來一次次的選舉，描繪出臺灣的政治變遷，由於選戰過多，在篇幅有限下，以兩個原則捨取：一是以直接民選為主，如監察院是以間接選舉，就不多描述，但有些間接選舉者關係重大，如第9屆以前的總統選舉、戰後唯一一次的省參議員選舉，仍特別討論。二是以縣市長以上的選舉（總統、立委、國代、省長、縣市長）為主，其他如縣市議員、鄉鎮市長等均不列入。而從這長時間的變化，我們也可看出臺灣政治的變化，如下圖即為歷年的縣市長（1994年後將直轄市併入相近的縣市長）及立委選戰席次變遷，國民黨從一黨獨大到與民進黨平分天下的脈絡，也可看出臺灣朝向民主多元政黨政治的軌跡。

縣市長政黨席次趨勢圖

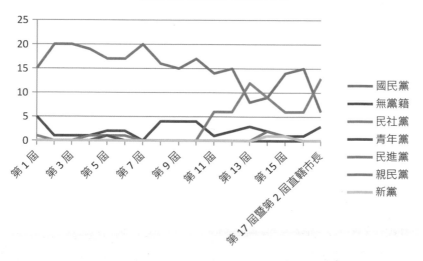

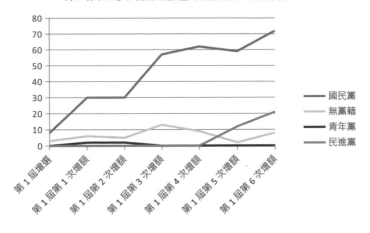

第1屆立委增額補選政黨席次趨勢圖

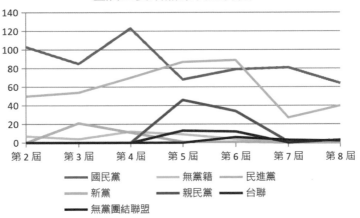

歷屆立委政黨席次趨勢圖

　　本書為方便閱讀，將全文注釋移除，參考書目則放於後，如果對於各屆選舉有興趣，可參閱各章後參考書目，進一步深入研究。因橫跨日治、戰後，為方便閱讀之連貫，年代均以西元紀年。全書以歷史脈絡共分五章，首章為日治時期的協議員選舉、第二章為戰後初期的參議員選舉、第三章則是地方自治後的縣市長及省議員選舉，第四章則是從1969年重新開放中央民意代表選舉，一直到總統直選前夕（1995），第五章則是從總統首次直選至最近一次選舉（2014）。透過每一次選舉制度的改變來劃分章節，也希望能讓一般大眾，瞭解我們手中這張選票，究竟是如何而來。

感謝名單

本書在蒐集資料時，有許多朋友給予我們協助，僅此致謝。

（以下按筆畫順序排列）

Discovery頻道　　　　　張寶辛

王昭文　　　　　　　　黃于津

宋耀光　　　　　　　　陳大觀

串門文化林育如　　　　陳冠學

何彥廷　　　　　　　　陳健仲

柯俊嘉　　　　　　　　陳諮仰

高雄市立歷史博物館　　陳嬿妃

李建民　　　　　　　　梁學渡

李嘉祥　　　　　　　　葉妤汝

林伊辰　　　　　　　　蔡博任

林瑩蓉　　　　　　　　廖彥博

邱薇樺　　　　　　　　鍾佳濱

施錦芳　　　　　　　　謝一麟

涂建豐　　　　　　　　謝雲嬌

徐乙仁　　　　　　　　霧峯林家花園明台高中

財團法人陳澄波文化基金會　林獻堂文物館

僅將此書獻給帶領我認識政治的曾家倫，希望她在另一個世界依舊快樂。

臺灣選舉的第一次

　　翻開早期的歷史著作，提起臺灣選舉，常常從戰後講起，但實際上，臺灣民主啟蒙，是從日治時期開始。「明治維新」後開始引入民主政治的日本，在1895年統治臺灣後，卻未將民主運用在臺灣，這讓臺灣到日本讀書的年輕人，尤其是在「大正民主」風潮下洗禮者非常不滿。1920年1月11日，留學生與霧峰林家的林獻堂等人在日本東京成立「新民會」，向東京的帝國議會請願，希望能成立以臺灣人為主

（影攝峯露於年五十國民）　臺灣文化協會理事會

臺灣文化協會　臺灣文化協會是日治時期推動臺灣民主的最主要推手。（林芳媖提供）

念紀校學季夏四一第會化協文
園萊之峯‧霧校攝月八年三千大

霧峰林家夏季學校 臺灣文化協會致力於臺灣民眾的教育，其開設的夏季
學校，也開啓許多臺人視野。（林芳娛提供）

的「臺灣議會」，決定臺灣自己的
事務。

此一請願雖然馬上被議會否
決，但獲得臺灣民眾大力支持，同
時開啟了追求臺灣民主的腳步。在
此情形下，林獻堂與蔣渭水等人在
1921年成立「臺灣文化協會」，鼓
吹爭取臺人權利。「臺灣文化協
會」透過巡迴演講、電影宣傳，啟
蒙臺灣人的民主概念，一時蔚為風
潮。

臺灣文化協會獲得廣大民眾支

持後，卻也產生了路線的分歧，受
到共產主義影響，許多醉心社會主
義者掌握大權，林獻堂、蔣渭水因
此離開文化協會，另組「臺灣民眾
黨」，但林獻堂與蔣渭水之間也同
樣因發展路線問題，再次分裂，林
獻堂等人於1930年自組「臺灣地方
自治聯盟」。

此時戰爭陰影籠罩，日本軍方
勢力崛起，無法容忍帶有共產主義
色彩的團體，除「臺灣地方自治聯
盟」外均被取締。但日人為安撫台

人，遂於1935年正式開放各州、縣市議員之選舉。總督府先於1920年於各級行政區設置協議員，然均為官派，並無民主內涵，1935年雖開放民選，但怕危及政權，僅開放一半名額，另外一半仍是官派，且選民資格有財產、性別的限制，這也對台籍民眾不利。無論如何，這仍是臺灣民眾的選舉初體驗，也是許多臺灣先賢所力爭而來。

日治時期的選舉共有4次，但

實際上1935年與1936年的選舉是密不可分的，因為1935年所選出的市會議員及街庄協議員，隔年（1936年）則由他們選出州會議員，一般具有選舉權的合格選民只能投1935年那次票，焦點也放在1935年的選舉，我們的介紹也將以1935年為主。

這些議員的任期是4年，因此同樣的情形在1939年、1940年再度上演，後來因戰爭關係，原定1943

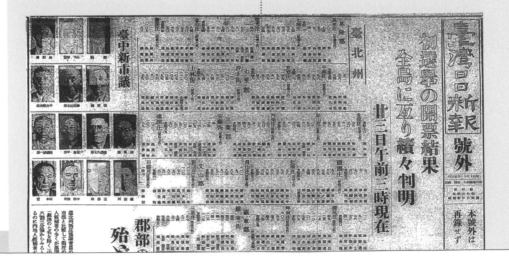

年、1944年的選舉被取消，臺灣在日治的選舉，也就只有這4次，本章則就
1935年及1939年選舉分別敘述。

報紙報導開票情況

1935年首次開票，吸引了許多
民眾的關心。（臺灣日日新報
1935.11.24第1版）

日治時期市會議員、街庄協議會員、州會議員選舉表

日期	選舉名稱	選舉方式
1935.11.22	第一屆市會議員、街庄協議會員選舉	限制性直接選舉
1936.11.20	第一屆州會議員選舉	間接選舉
1939.11.22	第二屆市會議員、街庄協議會員選舉	限制性直接選舉
1940.11.20	第二屆州會議員選舉	間接選舉

田健治郎

田健治郎是臺灣日治時期第8任
總督，也是第1任文官總督，任
期為1919年至1923年。

選舉史小百科

臺灣最早的議員何時誕生？

　　臺灣最早的「議員」，並不是1935年所選出的這批議員，而是更早在1920年就誕生了。
1920年左右，日人治理臺灣有許多變化，1919年第一任文官總督田健治郎上台，1920年臺灣重
新劃分行政區域，將臺灣劃為五州（臺北、新竹、臺中、臺南、高雄）二廳（花蓮港廳、臺東
廳），州廳下轄市、郡、支廳，再下分為街庄。在州、市、街庄均設置協議會，也遴選了州協議
會員、市協議會員、街庄協議會員，可說是臺灣最早的議員。

　　但這些「議員」都是官派，並沒有辦法真正反映民意，許多人更認為這只是官方的橡皮圖
章，因此不論是臺灣民眾黨或臺灣地方自治聯盟都極力爭取要民選，才會有1935年的民選議員誕
生。

1-1 處女選戰

今日臺灣，從總統到小學的班長，通通都是「一人一票」選出來，在這個習慣投票的國家，大家是否知道，臺灣人第一次投票選出民意代表是什麼時候呢？

其實距離並不遙遠，剛好距今80年。1935年11月22日上午8點，這場破天荒的選戰揭幕，選的是各市市會（當時有9市）議會及各街庄的協議會員，就相當於今日的直轄市議員及其他地區的縣市鄉鎮議員。

這場當時稱為「處女選戰」的投票，雖然是臺灣人爭取許久而來，但並不是人人都有投票權，而是充滿限制，只有男性、25歲以上，並獨立生計，繳納一定稅額者才具有投票權。這使得能投票的人數並不多，且日人大於台人。以市會議員來說，日人選民總數為26,479，佔9市25歲以上日人的60.9%；台人選民總數為24,578，佔9市25歲以上台人的19.7%，總數日人居然還大

國小即有民主選舉

經過多年的民主洗禮，臺灣上至總統，下到小朋友的班長，都是透過民主程序產生，圖為國小自治市長選舉時之宣傳。（陳冠學提供）

於台人。

種種限制是為了降低臺灣人的投票人數，讓在臺灣較少數的日本人能佔得上風，臺灣總督府也害怕萬一有哪個議會真被「反對派」掌有過半數席次，就很難施政，於是規定選舉產生議員僅佔一半，另外一半由總督府指派，讓「過半數」完全不可能發生。

除了這些綁手綁腳的限制外，這次投票也跟現在差別甚大，選舉點不像現在每里都有，全臺僅有292個，要花很多時間才能走到投票所。到了投票所，要出示「入場券」（投票通知單）跟印章才能入場，走進投票所，也不是在印有眾多候選人名字的投票單上蓋章，而是要拿起筆，寫下候選人的姓名，如果寫錯了，可是會被列為廢票。

儘管如此，「第一次」總是讓人期待，選戰當天，臺北市不到5點半就有人在投票所外等待，選舉會場外（規定要遠離200公尺以上）則豎立著各候選人的看板，候選人跟助選員拚命跟要來投票的民眾拉票，熱烈氣氛與今日相同，而全臺投票率更高達九成以上（市會議員92%、街庄協議員97%），這種今日難得一見的高投票率，也反映了臺灣民眾對這次「處女選戰」的期待。開票時也是如同今日，有許多民眾在旁關心，基隆市甚至發

宣傳首次選舉

1935年11月22日臺灣舉行首次的選舉，政府更展開許多宣傳，希望居住在臺灣的民眾不要忘記手中的一票。圖為啟明青年團宣傳隊於當天在高雄進行宣傳。（串門文化林育如提供）

生工作人員與民眾衝突，最後民眾被趕出會場的插曲。

這次的選舉也出現了臺灣首次的「做票」與「買票」，基隆市的候選人千竃直哉，因其為鐵路主管（基隆機車庫主任），他先去蒐集180張「入場券」發給下屬去投票。另一個是高雄市的陳天道，他的助選員向選民允諾，如果陳天道當選，可幫其減戶稅，兩者在東窗事發後均被撤銷資格。

80年前的這場選舉，開啟了臺灣的民主，也看到許多與今日相似的身影，80年來，我們就用一張又一張的選票打造了臺灣社會，也從充滿限制，變成生活的一部份，這一張張的選票，也是臺灣歷史的縮影。

選舉史小百科

1936年的州協議員選舉

臺灣的選舉初體驗其實分成兩階段，第一階段是市會議員及街庄協議會員，到了隔年（1936年），則要選出每一州的州協議會員，由於臺灣當時僅劃分五州，因此這些州會議員地位相當崇高。但這次的選舉並不像1935年，由當地合格男性選民，而是由新當選的市會議員及街庄協議員投票選出，這被稱為「間接選舉」，而州會議員同樣是民選及官派各半，政府的力量依舊操縱著議會。

登報感謝當選

經過激烈的競爭，當選者均會登報感謝，照片為1939年當選者。
（臺灣日日新報1939.11.24第3版）

1-2 大戰下的選舉

日治時期的市會議員及街庄協議會員任期為四年,因此在1935年所選出的第一屆議員,在1939年面臨改選,此時因1937年的中日戰爭爆發,臺灣籠罩在大戰的陰影下,加上「處女選舉」的新鮮感已經消逝,使得這次選舉不像1935年那麼引起注目。

1939年的選舉是在11月22日舉行,整體而言,因為人口增加,所以議員名額增多,但有意參選者卻比上一次還少,所以不管是市會議員或街庄議員,當選率均有所上升,高達77%,甚至像是彰化、臺南、高雄及屏東四個城市的市會議員,日人當選率居然是100%。在今天看來,這實在是不可思議的數字,也說明這次選舉的競爭並不是太激烈。

之所以如此,當然與處於戰爭動員階段有關,尤其當官方特別強調此次是「理想選舉」與「肅正選舉」,因此在市會選舉上,原來最能引起選戰熱烈氣氛的逐戶訪問被取消,使得選戰焦點集中在政見發表會及文書宣傳上,尤其是臺北市最為激烈,政見發表會也常被警告,甚至中止。但在街庄協議員的選舉,由於仍然能夠逐戶拜票,因此政見會甚至比1935年還減少。

在戰爭陰影下,雖然臺灣的議會是半官派、半民選,不太可能有違背政府的意見在議會過關,但臺灣總督府仍是小心翼翼,在官派議員上更增加日人比例。以市會議員來說,臺灣九市共

選舉會場

1939年選舉時臺南市選舉會場。
（臺灣日日新報1939.11.24第4版）

戰時遊行

戰爭時期各方均被動員，原本應於1943年舉辦的選舉也被迫中止，圖為學生在戰時的遊行。
（高雄市立歷史博物館提供）

有136名官派市會議員，日人高達101名，占74.3%，台人僅35名，佔25.7%，加上民選時，日人的當選率都提高，在第二屆的議會中，日人的勢力逐步擴大，政府對於議會的控制也更為加強。

依據規定，本屆議員應該在1943年任期屆滿，但在1943年，日本於戰場上節節敗退，也無心辦理選舉，因此這批議員就自動連任，直到1945年日本投降為止，臺灣第一階段的議會選舉至此也劃上休止符。

參考書目

王御風，《高雄社會領導階層的變遷（1920~1960）》（臺北：玉山社，2013）。

許淑真，〈日據時期台灣地方選舉與政治參與——以兩次市、州會議員選舉為例（1935~1940）〉（臺中：國立中興大學歷史研究所碩士論文，1996）。

陳柔縉，《台灣幸福百事：你想不到的第一次》（臺北：究竟，2011）。

陳翠蓮，《百年追求卷一：自治的夢想》（臺北：衛城，2013）。

第二篇

萬年國代及悽慘議員

1945年，日本戰敗，臺灣由中華民國接管。此時中華民國正式由「訓政」時期邁入「憲政」時期，開始制訂憲法，並實施全國性大選，選出各層級的民意代表，在此情形下，臺灣也銜接上了日治時期的選舉，繼續投票。

在這個階段的選舉必須符合公民資格，公民資格取得的原則是不分男女，年滿20歲以上，沒有因犯法褫奪公權及精神疾病者，比起日治時期需年滿25歲，有財產限制，可說是跨出一大步。但為了建立起層層的民意代表，此階段除了第一屆國大代表、立法委員，以及最基層的鄉鎮區民代表

日本投降

1945年日本戰敗，臺灣由中華民國接收，也邁入新的階段，
圖為陳儀接受日本投降。（高雄市立歷史博物館提供）

外，都由間接選舉產生，可見下圖說明。

此時的選舉區域，雖然隨著戰後行政區域的重新調整，從日治末期的五州三廳九市變成八縣九市：臺北縣、新竹縣、臺中縣、臺南縣、高雄縣、臺東縣、花蓮縣、基隆市、臺北市、新竹市、臺中市、彰化市、嘉義市、臺南市、高雄市、屏東市。實際上仍是沿襲日治時期，只是將「州」與「廳」都改成「縣」。

在這個階段選出的民意代表，可分成兩大部分：一是在1946年選出的臺灣省及各縣市參議員，這一批議員在1947年的二二八事件中受

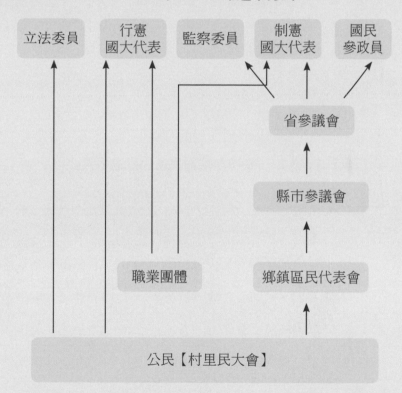

1945年～1950年選舉方式

資料來源：李筱峰，《台灣戰後初期的民意代表》（臺北：自立晚報，1986）頁15。

到重創，許多人因此過世，活著的議員，也有很多因此而退出政壇，因此在臺灣民間，都將這僅有一屆的「參議員」稱為「悽慘議員」。

另一部份是全國性的國大代表、立法委員及監察委員，1945至1949年是國共內戰最激烈的時刻，中國國民黨為了跟中國共產黨有所區隔，努力推動制憲、行憲，在1946年召開制憲國民大會，訂定中華民國憲法，並於1947年選出第一屆國大代表、立法委員及監察委員，只是中國國民黨在中國大陸節節敗退，1949年全面撤退來臺，部分國代、立委及監察委員也隨之來臺，以全中國為選區的國大代表、立法委員及監察委員在「光復大陸」前無法有第二屆的選舉，但為了維護全國性的「法統」，這些國代、立委及監委只好一直延任下去，在1991年全面改選以前，是不動如山的「萬年民代」。

換言之，1945至1949年的民意代表，雖然是戰後民意代表的源頭，但在國民黨撤退來臺後，該如何用為中國大陸量身打造的制度，來穿在臺灣的身上呢？這也是1950年代後需要解決的問題。

表2 1946年～1949年臺灣民意代表選舉表

日期	選舉名稱	選舉方式
1946.1~1946.4	臺灣各縣市第一屆參議員選舉	間接選舉
1946.4.15	第一屆臺灣省參議員選舉	各縣市參議員選出
1946.8.16	第四屆國民參政員（補選）	省參議員選出
1946.10.31	制憲國民大會代表	省參議員選出
1947.11.21~11.23	第一屆國民大會代表選舉	各縣市公民直選
1948.1.10	第一屆監察委員選舉	省參議員選出
1948.1.21~1.23	第一屆立法委員選舉	全台公民直選

2-1 染血的台籍菁英

　　1946年年初，臺灣才剛由中華民國接收，不到半年的時間，就立刻舉行了層層選舉，由村里長、鄉鎮民代表、區民代表、各縣市參議員到省參議員。這個選舉，不僅在臺灣舉行，而是全中華民國同時進行，這是戰後中華民國政府要邁向「憲政」的第一步。

　　這次的選舉雖然舉辦得有些倉促，但較日治時期跨出一大步，不但將投票資格降到20歲，女性也獲得投票權，然與今日選舉相較，仍有所不同。此次是採用「間接選舉」，先確認公民資格，然後由公民進行投票，選出最基層的區、鄉、鎮民代表，然後由這些代表選出各縣、市參議員，最後由縣、市參議員選出省參議員。

　　這並不像日治時期有重重限制，且專為日本人量身打造，因此頗受臺

高雄市參議會

戰後首次選舉成立的各地參議會，許多臺籍菁英均踴躍參加，圖為高雄市參議會。
（高雄市立歷史博物館提供）

選出9市7縣的縣市參議員。由於中華民國政府在戰前並未舉辦過類似選舉，使得此次選舉仍有些小狀況，不僅選舉期程較長，有些地方的縣市議員，如高雄市參議員並不是間接選舉產生，反由高雄市民直接選出。

但臺灣經過日治時期兩次選舉的洗禮，對選戰並不陌生，加上民眾對此次選舉的熱情支持，被譽為是當年選舉表現最好的地區，而大批台籍知識份子因剛從殖民地統治掙脫，認為可以實現自己理想，紛紛投入此次選舉，也使得此屆縣市參議員的學歷比日後各屆議會都高，大專畢業者甚至是日後議會的兩倍以上。

但也正是如此，這批充滿理想的高知識份子希望能藉由議會實現民主，他們看到來台接收人員的腐敗，在議會上抨擊不留情面、砲聲隆隆；1947年2月28日爆發二二八

灣民眾歡迎，1946年1月15日開始辦理公民宣誓登記，規定中華民國人民，無論男女，20歲以上，在本地居住滿6個月，且無重大犯罪及精神疾病者，均可進行公民宣誓。在一個月的登記期內，共有239萬3千1百42人取得公民資格，佔全台20歲以上民眾比例達91.8%。

公民宣誓是取得投票權，要擔任公職，則需要先通過公職候選人的檢覈，這也在同一時間進行，全臺灣通過公職檢覈者（分為甲種跟乙種）達3萬6千9百86人，為全台應選名額的4倍，這都可看到臺灣民眾對於選舉的積極參與。

這次的選舉首先由1946年2月16日至28日登場，選出7,078名最基層的區、鄉、鎮民代表，再由其於3月15日至4月7日，在全台各地

事件後，全台許多縣市參議員更是挺身而出，成為各地事件處理委員會的要員，等到國軍登陸後，這些涉足其間的民意代表（還包括後續兩節所介紹的省參議員及制憲國代、國民參政員）紛紛被捕或通緝，甚至有14位縣市參議員因此死亡，其中如屏東市副議長葉秋木、嘉義市參議員陳澄波當眾遭行刑，這些事件，讓「參議員」一詞，成為民眾口中的「悽慘議員」。逃過一劫的議員，此後也一改議會上咄咄逼人的質詢，甚至撐完此屆任期就不再參與政治，這使得台籍菁英大批退出政壇，也種下日後臺灣政壇省籍紛爭的因子。

陳澄波像

二二八事件中，許多台籍菁英不幸遇難，畫家陳澄波是最為人知的其中一位，圖為約1933年時，陳澄波與其油畫作品《西湖春色》合攝於嘉義市蘭井街老家。（財團法人陳澄波文化基金會提供）

BOX | 血染的畫布：陳澄波 | *The Story of Taiwan*

　　因二二八事件而死亡的縣市議員中，陳澄波最為人所知。他是臺灣首位入選日本「帝國美術展覽會」的畫家，在臺灣畫壇的地位相當崇高，且過世時才52歲，正值創作黃金時期，卻因政治犧牲生命，也讓許多台人對於政治感到懼怕且遠離。

　　陳澄波是嘉義人，生於1895年，原於嘉義任教，為了畫出更佳作品，1924年，將近30歲的陳澄波考取東京美術學院師範科，並認真習畫，1926年以「嘉義街外」入選日本第七屆「帝國美術展覽會」，成為首位入選的臺灣畫家，奠定他在畫壇上的地位。

　　1945年大戰結束後，由於陳澄波曾居住上海，能講北京話，也對政府較為熟悉，於是成為嘉義市的政治代表，並當選嘉義市第一屆市參議員。1947年二二八事件爆發，陳澄波被「二二八事件處理委員會」推選為談判代表之一，前往水上機場與軍隊談判，結果六位談判代表中，陳澄波等四人遭拘捕，1947年3月25日上午，這四位從嘉義市警察局沿著中山路遊街至火車站前，被槍斃後懸屍示眾。

　　陳澄波的遇害，讓許多畫家噤聲，直到解嚴後，陳澄波的作品才被重新正視，不但在拍賣場上屢屢創下拍賣價新高，許多關於陳澄波的紀念展也在各地舉行，更有官方製作的音樂劇成為建國百年節目之一，劇情雖有部分爭議，但官方從槍決到歌頌，歷史往往令人嘆息。

2-2 噤口的獅子

　　1946年初的選舉，最後一個階段是臺灣省參議員。這個代表臺灣民意的最高殿堂，是由各縣市參議員於1946年4月15日選出，原本依據省參議員組織條例規定，是每一縣市選出一位省參議員，但臺灣的縣市人口相差太大，如臺北市與澎湖縣，都只選出一名，相當不公平。因此最後根據人口增加員額，共計13名，加上原有八縣九市各1名，共計30名。

　　這次的選舉方式，是用無記名單記投票選舉，原規定需得到選舉人過半數才當選，但後來有許多縣市可以當選兩席以上，使得規定又顯混亂，後經內政部解釋，才改成當選一席者需過半、二席以上者不

用。可看出戰後初次選舉的跌跌撞撞，許多制度都還沒有思考完善。

　　儘管如此，一如縣市參議員，台籍菁英參選意願仍相當高，為了競爭這30個名額，全台申請參加競選的候選人高達1,180人，甚至是投票者（各縣市523名參議員）總和的2.26倍，這是臺灣選舉史上空前絕後的紀錄，也看到大家的踴躍，許多臺灣名人都投入選舉。以高雄市為例，雖然有15人登記參選，但真正有實力者僅4位，其中包括日治時期曾因對抗日本政府下獄的郭國基，以及高雄兩大家族：陳家的陳啟川、陳啟清及林家的林迦，競爭之激烈，在選前主持會議的高雄市長連謀提醒陳家兩兄弟不要鷸蚌相爭時，立即被郭國基警告他不要干涉選舉，投票結果第一輪無人過半，直到第二輪郭國基才脫穎而出。

蔣中正與高雄市參議會合照

省參議員是由各縣市參議員所選出，圖為蔣中正總統召見高雄市參議會。（高雄市立歷史博物館提供）

最後30位省參議員中，除了像郭國基這種在臺灣的抗日大將外，尚有許多赴中國加入抗日行列回台的「半山」，如李萬居、黃朝琴，也有臺灣的大家族，如基隆顏家顏欽賢、霧峰林家林獻堂均當選，可說是匯集當時臺灣的一流人才，而選風也很乾淨，財力雄厚者不見得就能夠當選，每位投票者都很慎重投下神聖的一票。

但可惜的是，省參議會一開幕即爆發議長選舉的爭議；在二二八事變中，來自臺北市的省議員王添燈不幸遇難，還有部分省議員，如郭國基列名通緝，使得日後的省參議會也如同其他縣市參議會，變成一隻「噤口的獅子」，對政治由熱情轉為恐懼，許多省參議員卸任後亦不再從政，讓臺灣政治發展出現一道極大斷層。

選舉史小百科

省參議會議長事件：林獻堂與黃朝琴

臺灣省參議會的成立，某個程度也實現了臺灣人在日治時期極力爭取的「臺灣議會」，由臺灣人決定臺灣自己的事務，因此備受臺人關注。而在日治時期帶領臺灣爭取民主的霧峰林家林獻堂眼見自己理想已達成，也就積極參選，大家都知道，他當選省參議員並不是最後的目標，成為首任臺灣省參議會的議長才符合被稱為「臺灣議會之父」的林獻堂意願。

臺灣省參議會在1946年5月1日成立，當天下午推選正副議長，當時有意問鼎議長寶座者，除林獻堂之外，尚有從重慶回來，精通國內外政局的黃朝琴。原本大家認為以林獻堂對臺灣民主的貢獻，可以說穩操勝券，但在選舉前，林獻堂卻發表退選宣言，使得黃朝琴當選。這個出乎大家意料之外的結果，造成輿論譁然，認為黃朝琴因與政府關係較好，才迫使林獻堂退選。在輿論攻擊下，黃朝琴於5月10日發表辭職演說，表示從未壓迫林獻堂，也不願再當議長，林獻堂連忙於隔日發言，表示他身體不堪耐勞才退選，黃朝琴相當適任，這才結束這場紛爭，黃朝琴繼續擔任議長。

根據日後諸多回憶錄，實際上這場議長選舉，確實是經過一番幕後折衝，才讓林獻堂放棄，改由與政府關係較好的黃朝琴擔任議長。林獻堂經此事，加上二二八事件，以及三七五減租對林家的打擊，使得他在擔任完這屆省參議員後，就以治病之名赴日不歸，一生抗日者，卻客死於日本，這也是一種歷史的弔詭。

林獻堂坐姿

林獻堂是日治時期臺灣民主推手，卻在角逐省參議會議長時不敵政府屬意人選，也使其晚年自我放逐日本。（林芳媖提供）

2-3 中華民國憲法的完成

　　省參議會的成立，一大功能是選出接下來要參與制定中華民國憲法的臺灣代表，並於1946年10月31日順利選出30位代表，在此之前，中華民國唯一的全國性民意機關是成立於1937年7月的國民參政會，臺灣省議會也在1946年8月16日選出8名國民參政員。

　　但這兩次選舉都引起很大爭議，8月16日的國民參政員選舉，開票出來前四名分別是林忠、林萬賢、羅萬俥、林獻堂，第五名是獲得13票的廖文毅，獲得12票則有林茂生、杜聰明、吳鴻森、陳逸松、楊肇嘉等5人，理應由獲得12票的5人抽籤選出3人，卻不料廖文毅與楊肇嘉的選票中，各有一張因字跡有誤（當時投票是寫下支持者的姓名，而非蓋章）被判定廢票，遂使得楊肇嘉提前出局，廖文毅則與其他4人抽籤角逐4個名額，在抽籤前夕，林茂生聲明放棄此次抽籤，原本可就此落幕，但主管機關仍堅持要進行抽籤，結果是廖文毅未中籤落選。使得這2位被判定字跡有問題的候選人紛紛出局，引起極大議論。

　　省參議員緊接著要選出的是制憲國民大會代表，這也是戰後由「訓政」走向「憲政」的重要一步，中華民國憲法的誕生也歷經艱辛，國民政府原於1936年就公佈「五五憲草」，並繼而公布國民大會組織法及國民大會代表選舉法，

光復紀念大會

制訂憲法是戰後蔣中正總統最重要政績，圖為其參加光復一週年紀念大會照片。（高雄市立歷史博物館提供）

然而因代表選舉未能及時完成，又碰到中日戰爭爆發、政府西遷，國民大會遂一延再延。直到二戰結束後，舉行政治協商會議，後決定於1946年5月5日召集國民大會，復因國內政黨紛爭未解，乃延至當年11月15日召開。

制憲國民大會代表，依據其產生方式分為區域代表、職業代表、特種代表、遴選代表四種。在二戰結束，臺灣成為中華民國一省後，被分配17名制憲國大代表，但17名代表該如何產生，經中央指示後，名額分配為：臺灣省臺北市及8縣各1人，共9位區域代表；其他8位職業代表分別為：婦女代表1人、高山族代表1人、農會代表2人（含漁業代表1人）、工會代表2人（含鐵路工人代表1人）、商業代表2人（含航業代表1人），合計17人。

這17名代表的產生方式，是於10月31日由臺灣省參議員選出，這也引起許多討論，很多民眾呼籲應該直接民選，但時間緊迫，僅能作罷，然而在30位省參議員中，有16位出馬角逐，更引起媒體嘲諷不如多加1位，全部包辦，可見這次匆忙的選舉，仍讓民眾有諸多疑慮，但仍順利選出17名代表，參與中華民國憲法的制定。

制憲國民大會於1946年11月15日在南京國民大會堂開幕，經過20次的大會，最後於12月25日閉幕，完成制憲工作，並決議於1947年12月25日開始實施中華民國憲法，臺灣的選舉邁入另一個新紀元。

《中華民國憲法》

《中華民國憲法》是中華民國的根本法，1946年12月25日經制憲國民大會於南京議決通過，於1947年1月1日由國民政府公布，同年12月25日施行。（好讀出版資料庫）

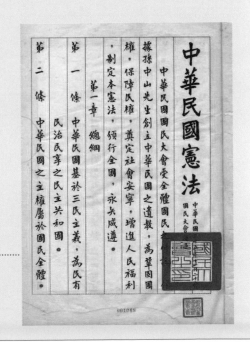

2-4 萬年民代的誕生

根據1946年12月25日通過的中華民國憲法，中華民國總統是由國民大會代表選舉所產生，負責立法及監察的立法院及監察院，分別是由立法委員及監察委員所組成。因此國民大會代表、立法委員及監察委員就成為最重要的中央級民意代表，並於1947年開始進行選舉。

這三個中央級民意代表選舉方式各有不同，以下分別敘述。國民大會代表每縣市名額1名，臺灣有8縣9市，故可選出17名區域代表，另增加婦女保障名額2名，以及地方職業團體配額8名（農會、工會各3名，婦女會2名）。因此區域選舉是以各縣市為選區，於1947年11月21至23日進行投票，共選出27名國民大會代表。

立法委員的選舉方式則與國民大會代表不同，全台為一個選區，應選出8名立委（其中需包括1名婦女），於1948年1月21至23日進行，因此這次的選舉，是臺灣第一

次全台型的選舉，而下一次的全台型的選舉要等到1994年的省長選舉（1994年省長選舉還不包括北、高兩市），而這次「空前」選舉最大的爭議，竟是因讓人想像不到的女性候選人所起。

在投票的前一天（1948年1月20日），《全民日報》登出一篇「林金呈冤啟並敬告謝娥女士啟事」，大意是說當時擔任臺北市婦女會理事長的謝娥運用權勢強佔林金呈租用之房舍，並轉給親戚使用的爭議，此啟事刊登於選前一天，且事件發生在選前兩年半，影響選情的用意頗明，但謝娥仍不受影響，以第六高票（14萬）當選。

這次的選舉，女將表現非常精彩，除了謝娥獲得第六高票，第七名林慎也是女性候選人，因為臺灣應選8席，所以謝娥與林慎應該雙雙當選。但當初為了保障女性候選

中山堂

立法院從中國大陸搬遷來台時，最早是在中山堂落腳，這批立委後來就成為「萬年立委」。（王御風攝影）

黃國書

黃國書是半山中的代表，
後來曾任立法院長。

黃朝琴 在省參議會議長選舉中，黃朝琴
最後脫穎而出，圖為其銅像。
（林雪攝影）

人，特別規定「立法委員名額在10
名以下者，婦女當選名額為1名」、

「婦女立法委員所得票數，單獨計
算」，原本是為了保障女性，不管選
得如何，都會有一席進入立院，沒想
到臺灣女性候選人，厲害的不只一
個，也不用靠保送，但上述規定，反
而在「婦女單獨計票」情形下，只能
有「一名婦女」當選，林慎因此落
選，票數比她少的第9名何景寮反而
當選。

這個結果，立即引起輿論譁
然，最後中央也從善如流，讓林慎當
選，何景寮成為候補第一名，但這也

BOX | **什麼是半山** | *The Story of Taiwan*

　　在本章所討論的戰後初期選舉中，有一種特殊身份者在選戰中屢屢當選，包括打敗林獻
堂，當選省參議會議長的黃朝琴（副議長李萬居也是）、當選立委，後來成為立法院長的黃
國書，以及第九任副總統連戰的父親連震東（第一屆國大代表）等人。

　　他們是在日治時期，認同中華民國，轉赴中國大陸的臺灣人，在協助中華民國政府打贏
中日戰爭後，風光回到臺灣，有人位居要津，也有人轉戰公職，在戰後初期歷次選舉中，都
可以看到他們的身影，多半都順利當選。主要原因有二：一是他們與政府較熟悉，戰後初期
少有外省人參與臺灣選舉，政府還是需要有一批與其熟識的民意代表。二是二二八事件前的
社會氣氛，對於趕走殖民者日本的中華民國政府，還是充滿好感，也會因此支持與政府友好
的半山。

　　至於為何叫做半山，主要是臺灣人稱外省人為「唐山仔」，這些臺灣人雖然同樣從中國
大陸來台接收，但他們畢竟不是外省人，所以稱他們為一半的唐山，就是半山。

第一屆立法委員臺灣選區當選人及得票數

當選人	性別	得票總數
劉明朝	男	382,486
羅萬俥	男	357,932
黃國書	男	352,891
蔡培火	男	214,256
郭天乙	男	150,519
謝　娥	女	140,203
林　慎	女	107,433
鄭品聰	男	92,120

資料來源：李筱峰，《台灣戰後初期的民意代表》，頁41

看出，實施選舉初期，制度上的漏洞仍多。另一個值得注意的是此次當選的新科立委黃國書，後來成為首位台籍立法院長。

第一屆的監察委員已於1948年1月10日誕生。依據規定，監察委員是由各省市議會選舉，因此監察委員仍由省參議會選舉，共有八名參選，最後選出五名。

這些脫穎而出的中央級民意代表，應該萬萬沒想到，原本任期屆滿後，應該依法改選，卻因1949年中華人民共和國建立，在國共內戰中戰敗的中華民國政府輾轉播遷來臺，他們跟其他省所選出的中央民代，因為選區的消失，而成為「無法」改選的「萬年民代」，也成為下一波臺灣民主發展的主要焦點。

參考書目

李筱峰，《台灣戰後初期的民意代表》（臺北：自立，1986）。

陳翠蓮，《派系鬥爭與權謀政治——二二八悲劇的另一面向》（臺北：時報，1995）。

賴澤涵、吳文星、許雪姬、黃秀政、黃富三，《二二八事件研究報告》（臺北：時報，1994）。

鄭梓，《戰後台灣議會運動史之研究——本土精英與議會政治（1946~1951）》（臺北：作者自印，1993）。

第三篇 地方自治的開始

　　1949年中華民國政府撤退來台，在美國加持下，中華民國政府就以臺灣為「復興基地」重新出發，為了區隔與共產黨的不同且顧及美國在全球推銷民主，政府也決定在臺灣繼續實施選舉，但全面性的民主選舉，可能危及其政權，折衷下，僅推行省議員及縣市長以下的選舉；換言之，各縣市可以由人民選出縣市長、議員，也可選出代表至省議會，但中央層級（立法院、監察院、國大代表）的部分，則由中央自己決定。也就是說，執政黨只願釋出不危及政權的地方選舉，同時也利用此與地方菁英共治。

政見發表會

戰後初期選舉，在廟前的政見發表會，往往會吸引大批民眾參與。
（翻攝自《臺灣選政》）

這一套統治手法，被人稱之為「二重的侍從主義」。也就是說，臺灣的政治社會被分成中央與地方二級，在中央的統治階層幾乎都由外省籍人士壟斷，地方公職則由當地台籍菁英掌握，彼此很少互動。統治者利用此形成黨國精英（統治精英）—地方派系—地方選民三者間的二重侍從主義，也就是黨國精英以特權性的利益，如客運、農業金融、土地重劃等給予派系，而地方派系拿此利益，培養自己在地方上的網絡（樁腳），最後在選舉時，網絡以選票回報派系，派系再以選票貢獻黨國精英。這使得國民黨政權穩固，地方社會領導階層也能擴大其政經實力，兩者各得其利。

黨國體制下臺灣二重政治社會示意圖

蔣氏父子（領導者、特殊性選舉）

權力↓↑選票（民眾的支持）

統治菁英（中央、外省籍、不用選舉）

特殊利益↓↑選票

地方派系（地方、本省籍、需要選舉）

特殊利益↓↑選票

地方選民

製圖／王御風

這種統治策略是在此時期所奠定，透過這階段的幾次選舉可看到，一開始執政黨並不清楚該如何「選舉」，在第一次縣市長選舉中遭到挫敗，但隨後就發現在選舉中，各地因選舉恩怨分為數派，可利用其對抗分而治之，這也就是我們熟知的「地方派系」。至於不願合作者，則透過各種的匪諜、貪污案，讓其入獄瓦解，其中最知名就是1960年雷震的自由中國事件。藉由合作與打壓，在這時期結束時，執政黨已經能完全掌握政局。

縱然如此，仍有許多疾呼實施全面民主者，一次又一次藉著選舉挑戰

執政黨，從此一時期可看到，當時最支持「黨外人士」的是臺北市，5屆臺北市長中，有3屆被黨外奪下，其他如基隆市、臺中市、臺南市、高雄市，也都有反對派人士執政的經驗，都會區可說是當時的「民主聖地」。

本期將介紹政府重新開放中央民代選舉（1969年）前的歷次選舉，在此時期（1950年～1968年）共舉行縣市議員以上的選舉共18次，因篇幅有限，本章以縣市長選舉為主，總統及省議員選舉亦會提及，縣市議員以下選舉因過於繁瑣，將不做介紹。

蔣介石

透過地方自治，蔣介石穩定了在臺灣的政治，也讓國民黨有東山再起的機會。（翻攝自《臺灣選政1》）

1950年～1968年總統、省議員、縣市長、縣市議員選舉表

日期	選舉名稱	選舉方式
1950.9.24~1951.1.28	臺灣省第1屆縣市議會議員選舉	各縣市公民直選
1950.10.15~1951.7.29	臺灣省第1屆縣市長選舉	各縣市公民直選
1951.11.18	第1屆臺灣省臨時省議會議員選舉	間接選舉，各縣市議員選出
1952.12.28~1953.2.8	臺灣省第2屆縣市議會議員選舉	各縣市公民直選
1954.3.20（總統）1954.3.22（副總統）	第2任總統副總統選舉	間接選舉，由國民大會選出

1954.4.18~5.2	第2屆臺灣省臨時省議會議員選舉 各縣市第2屆縣市長選舉	直接選舉，各縣市公民選舉 各縣市公民選舉
1954.12.19~1955.1.16	臺灣省第3屆縣市議會議員選舉	各縣市公民直選
1957.4.21	第3屆臺灣省臨時省議會議員選舉（第1 屆省議員） 各縣市第3屆縣市長選舉	各縣市公民選舉 各縣市公民選舉
1958.1.19	臺灣省第4屆縣市議會議員選舉	各縣市公民直選
1960.3.21（總統） 1960.3.22（副總統）	第3任總統副總統選舉	間接選舉，由國民大會選出
1960.4.24	第2屆省議員選舉 各縣市第4屆縣市長選舉	各縣市公民選舉 各縣市公民選舉
1961.1.15	臺灣省第5屆縣市議會議員選舉	各縣市公民直選
1963.4.28	第3屆省議員選舉	各縣市公民選舉
1964.1.26	臺灣省第6屆縣市議會議員選舉	各縣市公民直選
1964.4.26	臺灣省第5屆縣市長選舉	各縣市公民選舉
1966.3.21（總統） 1966.3.22（副總統）	第4任總統副總統選舉	間接選舉，由國民大會選出
1968.1.21	臺灣省第7屆縣市議會議員選舉	各縣市公民直選
1968.4.21	第4屆省議員選舉 各縣市第6屆縣市長選舉	各縣市公民選舉 各縣市公民選舉

註：1959.6.24中央以一紙行政命令將臺灣省臨時省議會改稱為「臺灣省議會」，臨時省議會第3屆第5次
大會改為「臺灣省議會第一屆第一次大會」，但任期不變。

資料來源：中央選舉委員會，〈選舉大事紀〉。

資料檢索日期：2015年10月19日。網址：http://web.cec.gov.tw/files/11-1000-1641.php

3-1 縣市長選舉的開始

1949年12月，蔣介石來到臺灣，並於1950年復行視事，同年6月，韓戰爆發，美國一改原先對國府不再支持的態度，基於戰略考量，為阻止共產國際擴張，決定將臺灣納入其同盟，派遣第七艦隊巡航臺灣海峽，保護臺灣不讓中共奪取，在美國加持下，蔣介石終於化險為夷，有時間與空間重新改造國民黨。

經過檢討後，國民黨開始進行改革，在法制方面，國民黨為能穩定的掌握政權，並獲得美國的支持，以1947年頒布的憲法為號召，但實際上卻以1949年5月頒佈的戒嚴令為體制，製造符合其利益的「臨時條款」。因此政府在名義上實施「憲政」，實際是通過「臨時條款」將「憲法」中的民主內容凍結，也使得後來實施的選舉，是經過篩選的選舉。

在民間社會方面，國民黨以「土地改革」及「地方自治」爭取民眾支持。其中「地方自治」是為特別彰顯與共產主義不同，1947年憲法中規定民眾有選舉的權力，國民黨政府背後的強力後援─美國也

希望如此，但對政府而言，若貿然實施全面選舉，很可能會失去政權，在政府苦思之下，後來想出解套方式，就是宣稱第一屆國大代表、立法委員、監察委員均是包含大陸地區所選出，在大陸未能「光復」以前，「第一屆」委員可一直續任，由於後來「光復大陸」的美夢一直沒有實現，使得這些立委、國代、監委也就無限期續任，這也是後來被批評的「萬年民代」。

但在中央民意代表之外，國民政府允諾舉行縣市長、省縣市議員以下的地方選舉，雖然這是有限度的民主，但仍持續了日治以來，地方民代選舉的傳統，甚至是臺灣首次舉行縣市長選舉，對臺灣民主發展，仍有其影響。

地方自治者推動者為省主席陳誠，但當時立法院尚未通過地方自治母法─「省縣自治通則」，陳誠遂另起爐灶，先行成立「地方自治研究會」，研究施行地方自治的辦法，後擬成「本省調整行政區域案」、「臺灣省縣市實施地方自治綱要草案」送省參議會審議。

實際上，此時立法院審查的

「省縣自治通則」已二讀，為何陳誠捨棄等待立院三讀通過，而強勢主導與「省縣自治通則」重疊的臺灣地方自治法案，最主要的原因是政府當時正撤退來台，一旦中華民國領土僅剩臺灣及沿海諸島嶼，中央政府與省政府管轄之領土幾乎相同，只要立法院通過「省縣自治通則」，屆時省主席由民選，而選民幾乎涵蓋所有中華民國公民，將對總統造成權力上的混淆與威脅，因此立院擱置「省縣自治通則」，轉而由行政命令做為依據。而省參議會也特別加開臨時會，於1950年1月24日通過這兩項法規。

要進行選舉，首先要確定的是行政區域調整，戰後初期原來是沿襲日治末期5州3廳11市的架構，將5州3廳改為8縣，11市改為9省轄市及2縣轄市，轄區並未做太大調整，為進行選舉，將原來的大縣畫成小縣，於1950年改成5省轄市（臺北市、基隆市、臺中市、臺南市、高雄市）及16縣（臺北、宜蘭、桃園、新竹、苗栗、彰化、臺中、南投、臺南、嘉義、雲林、高雄、屏東、臺東、花蓮、澎湖），戰後行政區域也大致延續此規劃。

在行政區域調整的同時，甫撤退來台，急於給人一新耳目的中央政府，也希望能儘快實施縣市長及縣市議員選舉，從1950年4月起，半年內陸續通過及核准各項法規。雖然如此，但政府對於從未實施過的大規模縣市長及縣市議員選舉，仍是小心謹慎，除了確立縣市長與縣市議員選舉分開舉行的原則外，更決定採分期分區辦理，縣市議員分為6期、縣市長分為8期選舉，使

高雄市議會第一屆全体議員合影

第一屆高雄市議會 1950年開始的選舉，帶領臺灣進入新的政治時代。圖為高雄市議會第一屆全體議員合影。（高雄市立歷史博物館提供）

得本次選舉，從1950年7月進行至1951年7月，足足選了一年，首先登場的是縣市議員選舉，由1950年7月2日的花蓮縣議員開始，縣長則是從花蓮、臺東開始登場，共分八期分別舉行，與現在選舉不同的是，本次選舉是採絕對多數，如果首輪投票沒有人過半，就會選前兩名進行複選，因此時間較長，最後再由各縣市議員選出臨時省議員，因此本屆的臨時省議員是間接選舉產生，共選出55名。

從首屆縣長的當選名單來看，國民黨的小心並不是沒道理，在21縣市中，無黨籍及民社黨拿下6席，而且很多當選的國民黨籍縣市長，不是黨部規劃人選。從首先起跑的花蓮、臺東開始，就讓國民黨踢到鐵板，最後國民黨屬意的林茂盛（花蓮縣議會議長）及黃式鴻（臺東縣官派縣長），居然敗給社民黨提名，來自高雄的楊仲鯨，以及另一位雖屬於國民黨，但非高層欽定的陳振宗，這讓國民黨大為震驚。接下來的臺中、臺南市長選舉中，又輸給黨外的楊基先、葉廷珪，這使得國民黨開始運用各種力量，如臺北市長因黨內派系紛爭，執政黨有意禮讓民社黨的吳三連，藉以展現其大氣，但黨內林紫貴堅

臺灣省第1屆縣市長選舉之分期分區實施表

期別	縣市別	選舉投票日期	備註
第一期	花蓮縣 臺東縣	1950年8月12日起至10月22日止	
第二期	臺中市 臺南市 基隆市 澎湖縣	1950年10月20日起至1951年1月7日止	
	臺北市	1950年10月20日起至1951年1月14日止	
第三期	屏東縣 高雄縣	1951年1月22日起至4月1日止	
	高雄市	1951年1月22日起至3月25日止	
第四期	臺北縣 桃園縣	1951年1月28日起至4月8日止	
	新竹縣	1951年1月28日起至4月1日止	
第五期	彰化縣	1951年2月3日起至4月8日止	
	宜蘭縣	1951年2月3日起至4月22日止	
第六期	臺南縣 雲林縣	1951年2月10日起至4月15日止	
	嘉義縣	1951年2月10日起至4月22日止	
第七期	臺中縣 南投縣	1951年3月5日起至5月13日止	本期兩縣原列第五期因辦理程序錯誤，故重行公告投票日期
第八期	苗栗縣	1951年5月5日起至7月29日止	本期原列第四期因當選縣長經高等法院判決當選無效故重新辦理選舉

資料來源：鄭梓，〈中央政府遷台初期試行地方自治之歷史探源（1949~1950）〉，《國父建黨革命一百周年學術研討會》，頁27。

持不退，最後則以「掩護匪諜」逮捕，
讓吳三連出線，這也可看出，如何透過
選舉統治，國民黨還在摸索。

選舉史小百科

土地改革與臺灣政治變化

　　政府遷台後，除了「地方自治」外，最重
要的是「土地改革」。「土地改革」指的是
「三七五減租」與「耕者有其田」，透過這兩
項政策，臺灣的地主僅能保存些微的土地，其
餘均放領給佃農，這使得臺灣的地方政治產生
重大變化。

　　以往的臺灣地方政治，多半是地主天下，
如此才能支應政治上的開銷，在執行「土地改
革」後，地主們家中的「金庫」已經消失，紛
紛退出政壇。加上國民黨實施「土地改革」
後，獲得廣大佃農的支持，使得國民黨在農村
廣受支持。這也讓臺灣地方政治，在1950年
以後有所變化，形成新型態的「地方派系」。

楊仲鯨

1950年的縣市長選舉由花蓮縣開
始，因此首任花蓮縣長楊仲鯨可說
是華人首位民選縣長，且非國民黨
籍，讓國民黨嚇出一身冷汗。（高
雄市薛氏宗祠文教基金會提供）

1950年～1951年縣市長各政黨席次

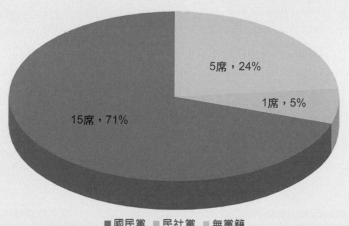

5席，24%

1席，5%

15席，71%

■國民黨 ■民社黨 ■無黨籍

1950年～1951年縣市長當選名單

地區	當選人	黨籍	連任／新任	備註
基隆市	謝貫一	國民黨	新任	
臺北市	吳三連	無黨籍	新任	中國民主社會黨黨員
臺北縣	梅達夫	國民黨	新任	
宜蘭縣	盧纘祥	國民黨	新任	
桃園縣	徐崇德	國民黨	新任	
新竹縣	朱盛淇	國民黨	新任	
苗栗縣	賴順生	國民黨	新任	
臺中縣	林鶴年	無黨籍	新任	
臺中市	楊基先	無黨籍	新任	
南投縣	李國禎	國民黨	新任	
彰化縣	陳錫卿	國民黨	新任	
雲林縣	吳景徽	國民黨	新任	
嘉義縣	林金生	國民黨	新任	
臺南縣	高文瑞	無黨籍	新任	
臺南市	葉廷珪	無黨籍	新任	
高雄市	謝掙強	國民黨	新任	
高雄縣	洪榮華	國民黨	新任	
屏東縣	張山鐘	國民黨	新任	
澎湖縣	李玉林	國民黨	新任	
花蓮縣	楊仲鯨	中國民主社會黨	新任	
臺東縣	陳振宗	國民黨	新任	

資料來源：江大樹、陳仁海，《臺灣全志（卷四）政治志・選舉罷免篇》，頁58～59。

3-2 地方派系的形成

經過了第一次選舉的驚濤駭浪，國民黨開始認識到地方政治並不是如此容易駕馭，在1954年的選舉中，做了許多制度的改革，也更強化檯面下的協調，讓國民黨更能夠控制選務。

1954年首先上場是第2屆總統的選舉，這是首次在臺灣舉行的中華民國總統選舉，蔣中正總統的對手是中國民主社會黨的徐傅霖，蔣中正以1507票比48票輕鬆獲勝，連任成功。

面對第1屆紛亂的縣市長、臨時省議員選舉，首先執政黨決定將縣市議員選出的臨時省議員改成各縣市民眾直選，這也讓省議員更貼近民意，成為中央民意代表還沒改選前，臺灣最重要的民意殿堂，許多臺灣重要的政治人物，都出自於省議會。

地方自治紀念大會

地方自治實施是政府重要政策，實施初期每週年均會舉辦大會慶祝，圖為1953年高雄縣舉辦之三週年紀念大會。（串門文化林育如提供）

緊接著是將臨時省議員與縣市長的選舉時間調成一致，免得如上屆縣市長、縣市議員選了一年的情況再出現，但因為第一屆縣市長每位任期不同，雖然臨時省議員、各縣市長均多半延長任期，卻仍分了四階段選舉，大部分的縣市長及臨時省議員集中在前兩階段：1954年4月18日舉行第一期選舉，計有彰化縣、雲林縣、臺南縣、基隆市、臺中市、臺南市6縣市，第二期則於5月2日投票，計有臺北市、高雄市、臺北縣、宜蘭縣、桃園縣、新竹縣、臺中縣、南投縣、嘉義縣、高雄縣、屏東縣、花蓮縣、澎湖縣

等13縣市，其中苗栗與臺東，因縣長任期關係，其臨時省議員選舉於第二期舉行，但苗栗縣長則於7月18日、臺東縣長於12月19日投票。臨時省議員此次共選出57名。

　　有鑑於第一次縣市長選舉中，國民黨在許多縣市不敵無黨籍人士，國民黨就採用幾個辦法，一是邀請這些無黨籍當選人加入國民黨，如臺中市的楊基先、臺南市的葉廷珪等人，讓其受到國民黨制約，二是開始介入選舉提名，從本屆開始，縣市長及臨時省議員選舉均有黨內提名制度，如本屆縣市長，就針對上屆縣市長做調查，認

選舉車

選舉期間，選舉車在街上穿梭，讓大家感受到選舉的氣氛。（翻攝自《臺灣選政2》）

1954年縣市長當選名單

地區	當選人	黨籍	連任／新任	備註
基隆市	謝貫一	國民黨	連任	
臺北市	高玉樹	無黨籍	新任	中國民主社會黨黨員
臺北縣	戴德發	國民黨	新任	
宜蘭縣	甘阿炎	國民黨	新任	
桃園縣	徐崇德	國民黨	新任	
新竹縣	朱盛淇	國民黨	連任	
苗栗縣	劉定國	國民黨	新任	
臺中縣	陳水潭	國民黨	新任	任內逝世
臺中市	林金標	國民黨	新任	
南投縣	李國禎	國民黨	連任	
彰化縣	陳錫卿	國民黨	連任	
雲林縣	吳景徽	國民黨	連任	
嘉義縣	李茂松	國民黨	新任	
臺南縣	高文瑞	國民黨	連任	
臺南市	楊請	國民黨	新任	
高雄市	謝掙強	國民黨	連任	
高雄縣	陳新安	國民黨	新任	
屏東縣	林石城	國民黨	新任	
澎湖縣	李玉林	國民黨	連任	
花蓮縣	林茂盛	國民黨	新任	
臺東縣	吳金玉	國民黨	連任	首任陳振宗於任內逝世，後吳金玉補選當選

資料來源：江大樹、陳仁海，《臺灣全志（卷四）政治志・選舉罷免篇》，頁60。

為高雄縣長洪榮華、臺南市長葉廷珪、臺中市長楊基先、臺中縣長林鶴年、屏東縣長張山鐘因評價不高，不予提名，雖然如葉廷珪仍執意參選，但在多方夾殺中連任失敗。

在此情形下，國民黨在此次縣市長選舉中大獲全勝，僅在臺北市敗給高玉樹，以及嘉義縣黨提名的林金生敗給違紀參選的李茂松，對於李茂松，執政黨也決定將其開除，貫徹黨紀，雖然李茂松有意修好，但國民黨不予理會，李茂松遂決定加入青年黨，後在任內被指控收賄停職並入獄。

經過兩次選舉，國民黨已經摸索到如何控制地方，而地方政治人物因為這兩次選舉，更衍生派系

之爭，也就是日後「地方派系」的起源。如臺中縣豐原陳水潭（第二任縣長）、霧峰林鶴年（第一任縣長），雙方在兩任縣長對峙下，變成日後的黑派（陳水潭）及紅派（林鶴年）。屏東的張山鐘（第一任縣長）與林石城（第二任縣長）就成為張派及林派。每個地方派系的形成因素皆不同，如高雄市就因移民變成「澎湖派」（代表人物第一、二屆市長謝掙強）、「臺南派」（代表人物第三屆市長陳武璋）及「在地派」（代表人物第四、五屆市長陳啟川）。而執政黨也發現此點，分而治之，讓各派系輪流執政，成為其統治地方的要訣。

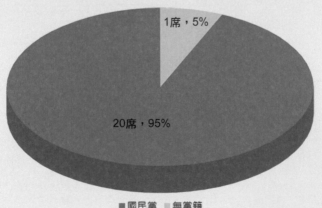

1954年縣市長各政黨席次

1席，5%

20席，95%

■國民黨 ■無黨籍

3-3 自由中國與破碎的組黨夢

　　在1954年的選舉，國民黨成功塑造與「地方派系」共治的政治型態後，縣市長選舉局面相當穩定，在1957年的縣市長選舉中，最重要的臺北市長選戰，國民黨推出的黃啟瑞，以5萬6千多票，擊敗尋求連任的高玉樹。在全台各縣市，僅有臺南市輸給曾任第一屆市長的無黨籍葉廷珪，其他均由國民黨籍當選。

　　在66名第3屆臨時省議員，也僅有郭雨新、李源棧、李萬居、吳三連、郭國基、許世賢「五龍一鳳」能突破國民黨封鎖。而在選舉運作上，此次縣市長與臨時省議員同時選舉，不再分期，也說明國民黨對於選舉操作越來越熟練，而執政黨也於1959年6月24日將「臨時省議會」改為「省議會」，第3屆臨時省議員也變成第1屆省議員，在本屆中（1958年5月）更搬遷至霧峰。

省議會

省議會正名後也搬遷至霧峰，成為臺灣政治的中心。（王御風攝影）

第3屆縣市長當選名單

地區	當選人	黨籍	連任／新任	備註
基隆市	謝貫一	國民黨	連任	
臺北市	黃啟瑞	國民黨	新任	
臺北縣	戴德發	國民黨	連任	
宜蘭縣	甘阿炎	國民黨	連任	
桃園縣	張芳燮	國民黨	新任	
新竹縣	鄒滌之	國民黨	新任	
苗栗縣	劉定國	國民黨	連任	
臺中縣	林鶴年	國民黨	新任	第一任市長
臺中市	林金標	國民黨	連任	
南投縣	洪樵榕	國民黨	新任	
彰化縣	陳錫卿	國民黨	連任	
雲林縣	林金生	國民黨	新任	
嘉義縣	黃宗焜	國民黨	新任	
臺南縣	胡龍寶	國民黨	新任	
臺南市	葉廷珪	無黨籍	新任	第一任市長
高雄市	陳武璋	國民黨	新任	
高雄縣	陳皆興	國民黨	新任	
屏東縣	林石城	國民黨	連任	
澎湖縣	李玉林	國民黨	連任	
花蓮縣	胡子萍	國民黨	新任	
臺東縣	黃拓榮	國民黨	新任	

資料來源：江大樹、陳仁海，《臺灣全志（卷四）政治志・選舉罷免篇》，頁60~61

1957年縣市長各政黨席次

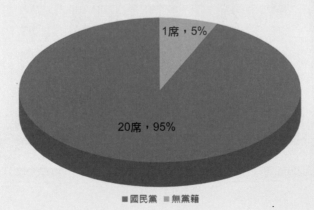

1席，5%

20席，95%

■ 國民黨　■ 無黨籍

雖然隨著國民黨在地方逐漸穩固，當初與國府一起來台的自由派人士，卻對國民黨所執行的「民主」有不同看法，且摩擦越來越大，在1960年蔣中正總統想要違憲三連任總統時，終於爆發「自由中國」案。

《自由中國》是一本雜誌，當初是為了「反共、擁蔣」，由大陸來台的自由派人士，如胡適、雷震等人所創辦。靈魂人物雷震是國民黨重要人物。1949年11月20日，《自由中國》半月刊在臺北創刊，在美國的胡適掛名發行人，以雷震為實際負責人。1950年雷震更被蔣介石聘為國策顧問，可見雙方關係良好。

創辦之初，這批以《自由中國》為代表的「自由主義」者，雖

不滿共產主義，然而在大環境下，擁護蔣介石卻是唯一選擇。但在美國介入，國民黨政權獲得保障後，《自由中國》所提出的許多諍言，讓政府不太高興，雙方關係漸趨緊張。1955年開始，《自由中國》強化其反對黨的主張，希望能以中國大陸來台的自由民主人士結合臺灣本土政治人物組成反對黨，兩者一旦結合，力量必定更強大，這也讓政府對其組新黨主張格外關切及緊張。

1960年蔣介石兩屆總統已任滿，根據中華民國憲法規定，應該不能連任，但透過修改臨時條款，讓其不受限制，於1960年3月21日當選中華民國第3任總統，這也讓反對者抨擊其違憲。

隨後於4月24日選舉的第4屆縣市長及第2屆省議員，在此氛圍下，非國民黨席次有所成長，在21縣市中，基隆市林番王及高雄縣余登發兩人突破封鎖當選，73席省議員中，也有15席非國民黨籍人士當選。

選舉結束後，5月4日雷震發

《自由中國》雜誌選集

《自由中國》為擴展民主自由空間為宗旨的政治刊物，在1950、60年代，成為罕見的反對政府聲浪。而自由思想學術基金會於2003年重新編選《自由中國》選集，由稻香出版社出版發行。（孫瑩萱攝影）

1960年縣市長當選名單

地區	當選人	黨籍	連任／新任	備註
基隆市	林番王	中國民主社會黨	新任	
台北市	黃啟瑞	國民黨	連任	
臺北縣	謝文程	國民黨	新任	
宜蘭縣	李才添	國民黨	新任	
桃園縣	吳鴻麟	國民黨	新任	
新竹縣	彭瑞鷺	國民黨	新任	
苗栗縣	林為恭	國民黨	新任	
台中縣	何金生	國民黨	新任	
台中市	邱欽洲	國民黨	新任	
南投縣	洪樵榕	國民黨	連任	
彰化縣	呂世明	國民黨	新任	
雲林縣	林金生	國民黨	連任	
嘉義縣	黃宗焜	國民黨	連任	
台南縣	胡龍寶	國民黨	連任	
台南市	辛文炳	國民黨	新任	
高雄市	陳啟川	國民黨	新任	
高雄縣	余登發	無黨籍	新任	任內因案停職，後被判刑入獄
屏東縣	李世昌	國民黨	新任	
澎湖縣	徐詠黎	國民黨	新任	
花蓮縣	柯丁選	國民黨	新任	
台東縣	黃拓榮	國民黨	連任	

資料來源：江大樹、陳仁海，《臺灣全志（卷四）政治志‧選舉罷免篇》，頁61。

1960年縣市長各政黨席次

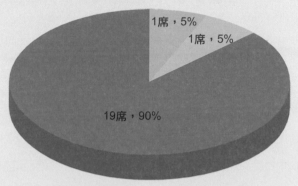

1席，5%

1席，5%

19席，90%

■國民黨　■無黨籍　■民社黨

表〈我們為什麼迫切需要一個強有力的反對黨〉一文，鼓吹成立反對黨參與選舉以制衡執政黨。5月18日非國民黨籍人士舉行選舉改進檢討會，主張成立新黨，要求公正選舉，實現真正的民主。決議即日起組織「地方選舉改進座談會」，隨即籌備組織中國民主黨。雷震擔任地方選舉改進座談會召集委員，與李萬居、高玉樹共同擔任發言人，新政黨（中國民主黨）的設立也到了最後關頭，如果這個新政黨設立成功，勢必會衝擊辛苦建立的「黨國體制」，於是在組黨前夕，9月4日，靈魂人物雷震被以匪諜案逮捕，判刑10年，史稱「自由中國案」，這使得組黨工作宣告失敗，更讓1960年代反對聲音更加難以展開，「白色恐怖」加上「地方派系」，讓國民黨的選舉優勢更加穩固。

臺中縣議會

地方派系進入穩定期後，縣市議員也多由國民黨籍當選，圖為升格直轄市市議會前的臺中縣議會。（三月雪攝影）

3-4 國民黨優勢的確立

在自由中國事件後，臺灣的反對力量僅剩下選舉時的能量，從中央到地方，國民黨已經塑造了如前言所述的「二重侍從主義」，雖然反對力量在1964年的選舉中有所斬獲，但整體而言，執政黨已主控一切，直到中央民代因隨著時間流逝不得不改選，才開啟臺灣選舉的另一個新局。

自由中國事件後首先登場是1963年4月28日的第3屆省議員選舉，原本任期為3年的省議員，也從本屆開始，跟縣市長一樣改為4年，本次選出74位，國民黨籍候選人當選61席，約82%，非國民黨籍候選人當選13席，約18%。與上屆相較，國民黨席次有所增加。

但在隔年（1964年）的第5屆縣市長選戰，國民黨則碰到非國民黨人士的挑戰，在最重要的臺北市，上一屆飲恨的高玉樹捲土重來，國民黨提名周百鍊應戰，同樣在上一屆以些微差距落敗的臺南市長葉廷珪也再度挑戰，高雄縣上屆縣長余登發因案入獄，其子余瑞言「代父出征」，與國民黨提名的戴良慶捉對廝殺，臺東縣的黃順興（青年黨提名）也與國民黨

林番王

曾任基隆市長的林番王是臺灣戒嚴時期少見的非國民黨籍縣市首長。（Taipics.com提供）

1964年縣市長當選名單

地區	當選人	黨籍	連任／新任	備註
基隆市	林番王	中國民主社會黨	連任	任內過世，補選由國民黨蘇德良當選
臺北市	高玉樹	無黨籍	新任	第3任市長
臺北縣	蘇清波	國民黨	新任	
宜蘭縣	陳進東	國民黨	新任	
桃園縣	陳長壽	國民黨	新任	
新竹縣	彭瑞鷺	國民黨	連任	
苗栗縣	林為恭	國民黨	連任	
臺中縣	林鶴年	國民黨	新任	第1任市長
臺中市	張啟仲	國民黨	新任	
南投縣	楊昭璧	國民黨	連任	任內過世
彰化縣	呂世明	國民黨	連任	
雲林縣	廖禎祥	國民黨	新任	
嘉義縣	何茂取	國民黨	新任	
臺南縣	劉博文	國民黨	新任	
臺南市	葉廷珪	無黨籍	新任	第1、3任市長
高雄市	陳啟川	國民黨	連任	
高雄縣	戴良慶	國民黨	新任	
屏東縣	張豐緒	國民黨	新任	
澎湖縣	蔣祖武	國民黨	新任	
花蓮縣	柯丁選	國民黨	連任	
臺東縣	黃順興	青年黨	新任	

資料來源：江大樹、陳仁海，《臺灣全志（卷四）政治志‧選舉罷免篇》，頁60~61

1964年縣市長各政黨席次

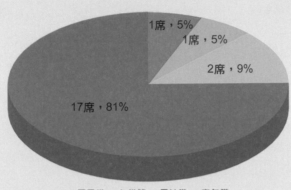

1席，5%
1席，5%
2席，9%
17席，81%

■國民黨　■無黨籍　■民社黨　■青年黨

提名張振雄殺得難分難解，加上爭取連任的基隆市長林番王（中國民主社會黨提名），讓此次選戰熱鬧萬分。1964年4月26日選舉結果，非國民黨候選人，拿下臺北市、臺南市、基隆市及臺東縣4縣市，是除了第1屆外，非國民黨獲得最多的席次。臺北市選戰更是在雙方互相攻擊下，吸引眾人目光，而臺北市也在1967年改制為直轄市，市長改為官派，直到1994年才能再度競選市長。

1966年3月21日，進行了中華民國第4任總統選舉，在雷震案後，自然無人敢反對違憲的「四連任」，蔣介石總統也在一人競選下，輕鬆當選。經過上次的挫折，1968年第6屆縣市長、第4屆省議員選舉，國民黨則更加穩固基層，在71席省議員部分，國民黨拿下61席，非國民黨籍僅有10席。在縣市長部分，由於上屆當選的非國民黨強棒，如臺北市高玉樹因臺北市升

楊金虎

在1960年代，楊金虎是少數能當選縣市長的非國民黨人士。(高雄市立歷史博物館提供)

1968年縣市長當選名單

地區	當選人	黨籍	連任／新任	備註
基隆市	蘇德良	國民黨	連任	
臺北縣	蘇清波	國民黨	連任	
宜蘭縣	陳進東	國民黨	連任	
桃園縣	許新枝	國民黨	新任	
新竹縣	劉謝燻	無黨籍	新任	
苗栗縣	黃文發	國民黨	新任	
臺中縣	王子癸	國民黨	新任	
臺中市	林澄秋	無黨籍	新任	
南投縣	林洋港	國民黨	新任	
彰化縣	陳時英	國民黨	新任	
雲林縣	廖禎祥	國民黨	連任	
嘉義縣	黃老達	國民黨	新任	
臺南縣	劉博文	國民黨	連任	
臺南市	林錫山	國民黨	新任	
高雄市	楊金虎	中國民主社會黨	新任	
高雄縣	林淵源	國民黨	新任	
屏東縣	張豐緒	國民黨	連任	
澎湖縣	蔣祖武	國民黨	連任	
花蓮縣	黃福壽	國民黨	新任	
臺東縣	黃鏡峰	國民黨	新任	

資料來源：江大樹、陳仁海，《臺灣全志（卷四）政治志・選舉罷免篇》，頁62~63。

格而無法選舉，基隆市林番王在任內過世、臺南市葉廷珪未再競選，僅臺東縣長黃順興競選連任，但敗給國民黨提名黃鏡峰，非國民黨人士雖也取得3席，但如臺中市林澄秋是國民黨違紀參選，僅有高雄市楊金虎一直是以反對黨姿態出現，國民黨可說是牢牢掌握臺灣政局。

1968年縣市長各政黨席次

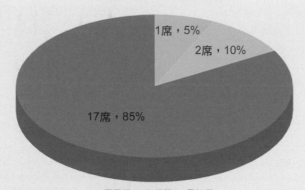

1席，5%

2席，10%

17席，85%

■國民黨　■無黨籍　■民社黨

....

議事槌

議事槌是主持議事時必備之具，立法院議事槌由來也有一段故事。圖為臺灣省諮議會供民眾拍照展覽時所備之議事槌。（王御風提供）

BOX | 議事槌的故事 | *The Story of Taiwan*

　　各個議會都有一個議事槌，供主席主持會議時使用，當法案通過時，主席敲下議事槌宣布，更是大家熟悉的畫面，但大家可能不知道的是，現今立法院的議事槌是來自於省議會，根據省議會議長黃朝琴的回憶，他曾經訂製一個議事槌，便於開議及表決，後來當時的立法院長黃國書知道後，就跟黃朝琴詢問，於是黃朝琴再訂製一個送給黃國書，也就是今日立法院的議事槌，這也象徵著在臺灣的議會經驗中，當時臺灣政治菁英聚集的省議會，議會經驗並不遜於中央級的立法院。

參考書目

臺灣省政府民政廳編印，《臺灣選政（一）》（臺中：臺灣省政府，1960）。

臺灣省政府民政廳編印，《臺灣選政（二）》（臺中：臺灣省政府，1970）。

任育德，《雷震與台灣民主憲政的發展》（臺北：政治大學歷史系，1999）。

任育德，《向下紮根——中國國民黨與臺灣地方政治的發展（1949~1960）》（臺北：稻鄉，2008）。

江大樹、陳仁海，《臺灣全志（卷四）政治志‧選舉罷免篇》（南投：國史館臺灣文獻館，2007）。

李筱峰，《台灣民主運動40年》（臺北：自立晚報，1987）。

吳乃德，《百年追求（卷二）：自由的挫敗》（臺北：衛城，2013）。

胡佛，《政治變遷與民主化》（臺北：三民，1998）。

陳明通，《派系政治與臺灣政治變遷》（臺北：月旦，1995）。

陳翠蓮，《臺灣全志（卷四）政治志‧民意機關篇》（南投：國史館臺灣文獻館，2007）。

薛化元，《「自由中國」與民主憲政》（臺北：稻鄉，1996）。

龔宜君，《「外來政權」與本土社會》（臺北：稻鄉，1998）。

廖忠俊，《台灣地方派系的形成發展與質變》（臺北：允晨，1997）。

鄭牧心（鄭梓），《台灣省議會之變局》（臺北：八十年代，1980）。

鄭牧心（鄭梓），《臺灣議會政治四十年》（臺北：自立晚報，1988）。

吳乃德、陳明通，〈政權轉移和菁英流動：台灣地方政治菁英的歷史形成〉，收於張炎憲、李筱峰、戴寶村主編《臺灣史論文精選（下）》（臺北：玉山社，1966年初版），頁351~385。

第四篇

告別萬年國代與立委

從1969年開始,臺灣選舉進入下一個階段,距離第1屆中央民代(國代、立委、監委)的選舉已經超過20年,縱然執政當局以要等「反攻大陸」方能改選為由,繼續由「萬年民代」掌控國民大會、立法院、監察院,但隨著「萬年民代」們年齡增長,逐步凋零,首先碰到員額不足的問題。其次是民意對此也越來越不滿,「全面改選」呼聲越來越大。因此執政當局需要採用一些方式解決這兩大問題。

首先在1969年,執政當局以「增補選」方式解決,所謂「增選」是隨著人口增加,可以運用當年規定增加名額,「補選」則是補充已不在位者的缺額,但因臺灣名額原本就不多,所以可補選名額甚少,民怨並無法遏止。1972年在退出聯合國的危機下,實際主政的蔣經國擴大名

美麗島雜誌社

美麗島事件因美麗島雜誌社在高雄舉辦遊行而起。美麗島雜誌為1979年黨外人士合辦之雜誌,希望透過雜誌宣傳理念,並籌組「沒有黨名的黨」。(串門文化林育如提供)

額,改以「增額」來補充新血,此後3年改選一次的「增額立委」及6年改選一次的「增額國代」、「增額監委」就成為臺灣政治菁英的新目標,本章也將針對歷次「增額立委」及「增額國代」做詳細討論,但「增額監委」是間接選舉,不在本書討論範圍中。

隨著選舉增加,以及社會氛圍的改變,「黨外」力量也逐步增強,1977年的中壢事件,黨外拿下4席縣市長及21席省議員,是國民黨有史以來最大挫敗,這也使得國民黨鷹派崛起,與氣勢抬頭、希望組黨的「黨外」正面對決,遂產生1979年美麗島事件,黨外菁英幾乎全部入獄。

美麗島事件後,黨外靠著受難家屬及辯護律師等新血銜接,力量雖不如前,但新生代善於組織,加上民眾對於全面性選舉的渴求,終使民主進步黨於1986年成立,不僅突破黨禁,也讓執政當局在隔年(1987年)解除戒嚴,當年年底舉行的增額立委、國代選舉,也讓臺灣進入政黨政治時代。

雖然戒嚴解除,但民眾對於萬年民代仍十分不滿,1988年因蔣經國病逝而繼位的李登輝,也運用民氣,一步步進行改革,尤其是1990年總統選舉時國代的表現,讓民眾大為不滿,學生更發起「野百合學運」,佔領中正紀念堂,李登輝趁勢廢除萬年中央民代,經過40多年,國會終於全面改選。

除了國會全面改選,李登輝更藉由修憲,一步步修改臺灣的選舉,成為由上到下,均由選舉產生的民主社會。立委、國代、省長、直轄市長,最終則是1996年的總統直選,也才有今日臺灣民主社會的面貌。

而在此過程中,國民黨的優勢不再,不僅民進黨步步進逼,「從地方包圍中央」,國民黨內長期以來擁李、反李兩派的對抗,終使反李派出走成立新黨,也讓臺灣開始具有多黨型態的多元政治。

本章將從1969年的「增補選」開始,討論至1995年總統直選前最後一次選舉,期間臺灣共進行22次縣巿級以上的直接選舉及3次由國民大會間接選出的總統選舉,限於篇幅,將僅討論總統、立委、國代、省議員、直轄市長、縣市長之選舉,直轄市及縣市議員不予討論,總共分析19次選舉,希望藉此看出臺灣政治發展的歷程。

排隊投票民眾

臺灣民眾對於手中神聖一票的堅持，讓臺灣逐步走向民主的道路。
（翻攝自《臺灣選政2》）

1969年～1995年總統、立委、國代、省長、省議員、
直轄市長、縣市議員選舉一覽表

	投票日期	選舉名稱	選舉方式
1	1969.12.20 1969.11.15	第1屆立法委員增選 第1屆增補選國民大會代表 第1屆直轄市議員選舉（臺北市）	
2	1972.3.21（總統） 1972.3.22（副總統）	第5任總統副總統選舉	間接選舉，由國 民大會選出

3	1972.12.23	第5屆省議員選舉 各縣市第7屆縣市長選舉 第1屆第1次增額立法委員選舉 第1屆第1次增額國民大會代表選舉	各縣市公民選舉 各縣市公民選舉
4	1973.3.17 1973.12.1	臺灣省第8屆縣市議會議員選舉 第2屆直轄市議員選舉（臺北市）	各縣市公民直選
5	1975.12.20	第1屆第2次增額立法委員選舉	
6	1977.11.19	臺灣省第9屆縣市議會議員選舉	各縣市公民直選
7	1977.11.19	第6屆省議員選舉 各縣市第8屆縣市長選舉 第3屆直轄市議員選舉（臺北市）	各縣市公民選舉 各縣市公民選舉
8	1978.3.21（總統） 1978.3.22（副總統）	第6任總統副總統選舉	間接選舉，由國 民大會選出
9	1980.12.6	第1屆第3次增額立法委員選舉 第1屆第2次增額國民大會代表選舉	
10	1981.11.14	第7屆省議員選舉 各縣市第9屆縣市長選舉 第4屆直轄市（臺北市） 議員選舉 第1屆直轄市（高雄市） 議員選舉	各縣市公民選舉 各縣市公民選舉
11	1982.1.16	臺灣省第10屆縣市議會議員選舉	各縣市公民直選
12	1983.12.3	第1屆第4次增額立法委員選舉	
13	1984.3.21（總統） 1984.3.22（副總統）	第7任總統副總統選舉	間接選舉，由國 民大會選出

14	1985.11.16	第8屆省議員選舉 各縣市第10屆縣市長選舉 第5屆直轄市（臺北市） 議員選舉 第2屆直轄市（高雄市） 議員選舉	各縣市公民直選 各縣市公民直選
15	1986.2.1	臺灣省第11屆縣市議會議員選舉	各縣市公民直選
16	1986.12.6	第1屆第5次增額立法委員選舉 第1屆第3次增額國民大會代表選舉	
17	1989.12.2	第9屆省議員選舉 各縣市第11屆縣市長選舉 第1屆第6次增額立法委員選舉 第6屆直轄市（臺北市） 議員選舉 第3屆直轄市（高雄市） 議員選舉	各縣市公民直選 各縣市公民直選
18	1990.1.20	臺灣省第12屆縣市議會議員選舉	各縣市公民直選
19	1990.3.21（總統） 1990.3.22（副總統）	第8任總統副總統選舉	間接選舉，由國民大會選出
20	1991.12.21	第2屆國民大會代表選舉	第1次全面改選國民大會代表
21	1992.12.19	第2屆立法委員選舉	首度增列不分區立委
22	1993.11.27	各縣市第12屆縣市長選舉	各縣市公民直選
23	1994.1.29	臺灣省第13屆縣市議會議員選舉	各縣市公民直選
24	1994.12.3	第1屆臺灣省長選舉 第10屆省議員選舉 第7屆直轄市（臺北市） 議員選舉 第4屆直轄市（高雄市） 議員選舉	公民直選 各縣市公民直選
25	1995.12.2	第3屆立法委員選舉	

4-1 中央民代本土化的開始

1949年中華民國政府遷台後，因強調需等「反攻大陸」後，才能夠改選新的中央民意代表，遂使得第1屆的立法委員及國民大會代表成為永不改選的「萬年民代」，也使這些以政治方式自動延任的中央民意代表機構（還包括監察院），成為維繫國民政府在台權力的「法統」，由於這些中央民代，長期與執政黨合作，對於政府各項政策多半給予支持，也讓執政黨能繼續保有權力。因此，縱使在野批評聲浪不斷，執政黨對中央民意代表機構仍遲不改選，但隨著時間流逝，許多國民大會代表、立法委員、監察委員紛紛辭世，也產生如何延續的問題，更迫使執政的國民黨以「增補選」方式因應。

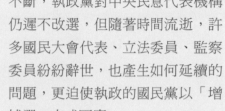

政見發表會

開放中央民代選舉後，民眾對於選舉更加熱情，每次的選舉政見發表會，總是吸引大批熱情民眾。（翻攝自《臺灣選政2》）

1966年2月9日，國民大會增訂動員戡亂時期臨時條款第5項，授權總統辦理中央民意代表的增選與補選。以此為依據，於1969年3月27日，在國家安全會議討論通過「動員戡亂時期自由地區中央公職人員增選補選辦法」，其主要內容有三：1.中央公職人員包括國民大會代表、立法委員、監察委員。2.國民大會代表辦理增選和補選；立法委員和監察委員只辦增選，不辦補選。3.增選補選中央公職人員，限在臺灣地區辦理，海外自由僑區暫不舉辦。

　　從今天看來，「增選」、「補選」相當咬文嚼字。依據行政院於1969年7月公布之辦法，國民大會代表增補選，分為區域代表與省市職婦團體代表兩種，在區域代表部分，此次共增選6名，包括臺北市

2名及臺北縣、彰化縣、宜蘭縣、苗栗縣各1名。補選則為2名，基隆市、臺南縣各補選1名，所以區域共選出8名。在職婦團體代表部分，臺灣省補選3名，計農會2名、工會1名。臺北市增選4名，計農會1名、工會1名、婦女團體2名。共要選出7名。總計此次國大要選出15席。

　　在立法委員部分，因立法委員任期於1951年已告屆滿，故不辦理補選，僅辦理增選，依據1969年6月底人口，臺灣省可選出立法委員14名，減去已選出之8名，應增選6名，但其中原本在臺灣省選出之立委謝娥，其本籍為新設之直轄市——臺北市，為臺北市之立委，不計入名額，故臺灣省增選7名。臺北市為新設直轄市，可增選5名立委，扣除謝娥，應增選4名，故

郭國基

在此次選舉中脫穎而出的郭國基，因敢言而被冠上大砲之名，其選舉時均以大砲做為競選車的裝飾，相當有特色。（謝一麟提供）

此次共增選11名。

其中臺灣省又分為北、南兩選區，第一區（北區）包括基隆市、臺中市、臺北縣、宜蘭縣、桃園縣、苗栗縣、臺中縣、南投縣、新竹縣等9縣市，共選出3名。第二區（南區）包括臺南市、高雄市、彰化縣、雲林縣、嘉義縣、臺南縣、高雄縣、屏東縣、花蓮縣、澎湖縣、臺東縣等11縣市，共選出4名。

此次選舉於1969年12月20日舉行，要選出11席立委及15席國代。國民黨在這次選戰中，提名者全部當選，其餘未提名者，也多由國民黨籍當選，黨外僅能就國民黨未提名空間自相廝殺，如臺北市4席，國民黨提名的謝國城、張燦堂與國民黨支持的洪炎秋穩穩當選前3席，最後1席由黨外黃信介與張信經互相競爭，黃信介最終拿下立委寶座。南區立委4席，國民黨提名3席的吳基福、黃宗焜、梁許春菊穩定領先，最後1席則由黨外的郭國基、黃順興爭奪，最後則由郭國基出線。而在國民黨足額提名的北區，則由國民黨提名的劉闊才、李儒聰、劉金約當選。最後結果15席國代全由國民黨當選，11席立委，則國民黨當選8席、黨外當選3席，這也看得出來，黨外勢力仍難與國民黨抗衡。

1969年增選國大代表各政黨席次

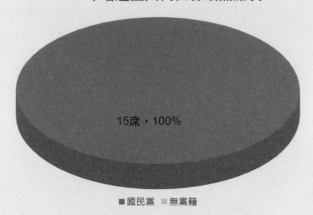

15席，100%

■ 國民黨　■ 無黨籍

1969年增選立法委員各政黨席次

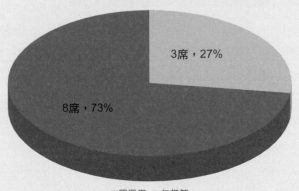

3席，27%

8席，73%

■ 國民黨　■ 無黨籍

　　這次選舉，檯面上雖然熱烈，實際上選民參與意願並不高，以誕生最多新立委國代（共8席，立委國代各4席）的臺北市而言，投票率僅4成多，比前一個月舉行的市議員選舉的6成4還低，當時評論認為原因是選區太大（全臺北市）很難買票，以及選民根本不知道選這些立委跟國代能做什麼，還不如選能幫自己鄰里服務的市議員。這些今日看來不可思議的理由，也可看出不需改選的「中央民代」與民意的落差有多大，而從本屆開始，一批批新血進入中央殿堂，也逐步改善國會與本土格格不入的體質。

4-2 蔣經國時代登場

進入1970年代後，臺灣外交處境越來越艱困，在中華人民共和國逐漸被各國承認後，位於臺灣的中華民國政府在「漢賊不兩立」原則下，開始與各國斷交及退出國際組織，1971年宣布退出聯合國、1972年美國總統尼克森訪問中國大陸，同年8月，日本宣布與中華人民共和國關係正常化，與我國斷交。一連串危機，讓臺灣處於風雨飄搖中。

1970年代蔣經國逐步掌握權力，也對臺灣的民主帶來許多影響。（Jack Bims攝影）

除了外交，臺灣在內政上也面臨新局，1972年蔣介石在沒有對手情形下，五連任中華民國第5任總統，準備許久的「太子」蔣經國也接任行政院長，隨後蔣介石發生車禍，身體狀況不佳，蔣經國開始實質接班，面對一連串的問題，蔣經國也採用不同的手法。

蔣經國在接位前，鼓勵青年知識份子大鳴大放，讓以《大學雜誌》為基地的國民黨年輕知識份子，對臺灣社會加以批判，藉此砲轟對蔣經國不滿的黨國大老，但1972年蔣經國成功被提名為行政院長後，開始對此一風潮加以管制，先是在《中央日報》以署名孤影的〈一個小市民的心聲〉批判這群知識份子，1973年更發生「台大哲學系事件」，改革派的台大哲學系老師陳鼓應、王曉波等遭到解職，此一風潮就此鎮壓，但也因此使得部分《大學雜誌》的知識份子投身反對運動，使得反對運動日漸壯大，這恐怕是蔣經國所始料未及。

蔣經國與青年知識份子劃清界線時，另外搭配了兩個方式，解決《大學雜誌》所抒發的不滿，以

地方自治中有意參選者，登記完畢後就會成立競選總部，規劃各項選舉活動，圖為高雄林家之林瓊瑤先生於1972年競選增額國大時之競選總部，位於七賢三路國際商場入口旁。（串門文化林育如提供）

尋求民眾支持，一是中央機關官員以往以外省籍為主，蔣經國開始大量拔擢台籍青年，如李登輝、林洋港、吳伯雄等人，被戲稱為「吹台青」（會吹牛的台籍青年，與當時紅歌星崔苔菁同音）。另一個則是中央民代的遲不改選，蔣經國在1972年利用「增額」方式解決。

所謂「增額」就是「增加名額」，而僅進行一屆的「增補選」也就此落幕。國民大會於1972年修改臨時條款，額外增加立委、國大及監委的席次。「增額」與「增補選」最大不同，在於「增補選」與萬年民代相同，享有「不需改選」的權力，「增額」中央民代則有任期：立委3年、國代6年需改選，自此以後，每3年改選的增額立委及

每6年改選的增額國代，成為最重要的政治戰役。除此之外，更增加了由總統遴選，不需選舉的增額僑選立委。

此次修改，解決許多執政當局所面對的問題：一是上述所提，國人對一連串外交挫折，希望藉由政治改革來因應。二是1969年的增補選，產生了「補選」的國民大會代表及「增選」的國民大會代表、立法委員、監察委員，但「增選」者非第一屆，任滿需下台改選，「補選」者則可與第一屆享有任滿非改選的特權，因此造成「增選」者怨聲連連。修法後，1969年所選出的增補選中央民代均享有與第一屆同等權利，日後也停辦「補選」，僅辦「增選」，避免糾紛再起。三是在大幅提高「增選」名額後，會面臨國會逐漸「在地化」，因此增加僑選中央民代的「遴選」辦法，不但可沖淡台籍民代過多的問題，更因遴選不必透過選舉過程，能直接

任命認同執政當局之中央民代，確保其國會的優勢。

原則確立後，行政院隨之公布選舉之施行細則。國民大會代表的增額選舉，包括區域、山胞、職業團體、婦女團體，共計53名。立法委員部分，也包括區域、山胞、職業團體、僑民，共計51名，其中僑選立委多達15席，因此在臺灣選出之立委僅36席，且其區域選區與其他選舉不同，共分為直轄市臺北市、臺灣省6選區及福建省，再依據人口數分配應選名額。兩者最激烈均為區域選戰。

增額立委選舉臺灣省選舉區之劃分

選舉區	範圍
第一選舉區	臺北縣、宜蘭縣、基隆市
第二選舉區	桃園縣、新竹縣、苗栗縣
第三選舉區	臺中縣市、彰化縣、南投縣
第四選舉區	雲林縣、嘉義縣、臺南縣市
第五選舉區	高雄縣市、屏東縣、澎湖縣
第六選舉區	花蓮縣、臺東縣

資料來源：江大樹、陳仁海，《臺灣全志（卷四）政治志‧選舉罷免篇》，頁21-22。

此次選舉除了增額立委及國代外，還將同年應改選的縣市長及省議員同時改選的「四合一選舉」，成為有史以來最熱鬧的一次選舉，此次選舉於1972年12月23日舉行，選舉結果，國民黨一如所料，掌握大局，在縣市長部分，20個縣市全部由國民黨籍當選，創下歷史紀錄，是此次選舉的指標。更重要的是，此次在蔣經國主導下，大量提名年輕或非地方派系候選人，予人耳目一新感覺，也是蔣經國欲將地方權力收回，向地方派系宣戰的「派系替代策略」，但此次雖然

成功，到了下一屆就碰到地方派系
的杯葛，也造成1977年的國民黨大
敗，迫使執政黨也只能再向地方派
系妥協，共管地方。

在增額國大53席中，由國民
黨拿下43席，無黨籍10席。增額立
委38席中，國民黨30席、青年黨1
席、無黨籍5席，省議員73席中，
國民黨拿下58席、無黨籍則有15
席。經此一役，蔣經國權力更為鞏
固，1975年蔣介石逝世後，雖由副
總統嚴家淦繼任，但大小事仍由蔣
經國決定。但值得注意的是，一些
「黨外」政治新星開始冒出頭來，
如增額立委的康寧祥、省議員有許
信良、邱連輝、余陳月瑛等人，在
選戰培育下，「黨外」力量開始逐
步集結。

自由時代週刊

黨外雜誌是當時黨外宣傳理念的管道，圖
為鄭南榕發行之自由時代週刊，鄭南榕後
也因爭取言論自由而自焚身亡。（串門文
化林育如提供）

1972年增額國大代表各政黨席次

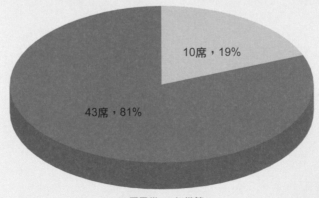

10席，19%

43席，81%

■國民黨　■無黨籍

1972年增額立法委員各政黨席次

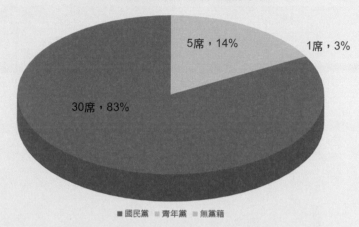

30席，83%　5席，14%　1席，3%

■ 國民黨　■ 青年黨　■ 無黨籍

註：增額立委分為需要選舉及不需選舉（遴選）的僑選立委兩部分
　　此處僅統計需選舉部分，以下各屆亦相同。

1972年縣市長當選名單

地區	當選人	黨籍	連任／新任
基隆市	陳正雄	國民黨	新任
臺北縣	邵恩新	國民黨	新任
宜蘭縣	李鳳鳴	國民黨	新任
桃園縣	吳伯雄	國民黨	新任
新竹縣	林保仁	國民黨	新任
苗栗縣	邱文光	國民黨	新任
臺中縣	陳孟鈴	國民黨	新任
臺中市	陳端堂	國民黨	新任
南投縣	劉裕猷	國民黨	新任
彰化縣	吳榮興	國民黨	新任
雲林縣	林恒生	國民黨	新任
嘉義縣	陳嘉雄	國民黨	新任
臺南縣	高育仁	國民黨	新任

臺南市	張麗堂	國民黨	新任
高雄市	王玉雲	國民黨	新任
高雄縣	林淵源	國民黨	連任
屏東縣	柯文福	國民黨	新任
澎湖縣	呂安德	國民黨	新任
花蓮縣	黃福壽	國民黨	連任
臺東縣	黃鏡峰	國民黨	連任

資料來源：江大樹、陳仁海，《臺灣全志（卷四）政治志·選舉罷免篇》，頁64。

美麗島雜誌

美麗島雜誌也是相當重要
的黨外雜誌，後來更引發
美麗島事件。（王御風攝
影）

BOX 6 │ **黨外雜誌及禁書** │ *The Story of Taiwan*

　　在戒嚴時期，不像今日的百無禁忌，政論節目充斥。當時討論政治有可能惹禍上身，
加上戒嚴令的出版檢查制度，因此在市面上難以看到政治討論書籍，這也是《大學雜誌》
會轟動的主因，此後黨外經常以辦雜誌來宣揚理念，如最有名的《美麗島雜誌》，但也常
被禁，因此一般以「禁書」稱之，而在選舉的會場中，販賣黨外雜誌及被戲稱為「民主香
腸」的香腸攤更是不可或缺的景象。

4-3 黨外的崛起──中壢事件

1972年開始的增額立委、國代選舉，讓臺灣的選舉在縣市長、議員及省議員外，多了中央民意代表的選舉，也讓「黨外」可以透過一次又一次的選舉集結練兵，國民黨優勢逐漸消失，1977年的「中壢事件」更是一個分水嶺，黨外力量終於開始威脅國民黨。

在1972年選舉後，首次增額立委任期於1975年屆滿，因此於1975年12月20日進行第1屆第2次的增額立委選舉，選出立委37席及遴選僑委15名，共52名。這次選舉中，國民黨仍佔盡優勢，提名30席，結果30席全上，剩下7席，分別是無黨籍5席、青年黨2席。

此次選舉中，最重要是曾擔任省議員22年的郭雨新在臺灣省第一

1975年增額立委各政黨席次

5席，14%

2席，5%

30席，81%

■國民黨　■青年黨　■無黨籍

BOX 5 ｜「黨外」是什麼？ ｜ The Story of Taiwan

　　在戒嚴時期，除了執政的國民黨，僅有青年黨與社民黨，但實力不強。而在戒嚴時期黨禁的規範下，真正能夠挑戰國民黨者，無法組成政黨，於是以「黨外」名之，表示為「國民黨外」，但「黨外」其實不僅包含與國民黨對抗者，也有不願對抗，與國民黨友好者，但當時有意與國民黨對抗者，均以「黨外」自稱，並藉此號召群眾，直到民進黨成立為止。

選區（宜蘭縣、臺北縣、基隆市）的參選，其競選期間集結許多黨外人士，颳起一陣旋風，但最後因廢票高達8萬票落敗，一般人認為是執政黨作票所致，此事件被稱為「虎落平陽」，也影響到1977年的選戰。

國民黨的絕對優勢，在1977年的選舉受到挑戰。1977年前後原有第6屆省議員、第8屆縣市長、第8屆縣市議員、第7屆鄉鎮轄市長、第3屆臺北市議員之選舉，合併於1977年11月19日同時投票，成為有史以來最大規模的「五合一選舉」，也讓黨外開始有系統串連，

在兩名黨外立委：黃信介、康寧祥南北助選下，掀起選戰熱潮，使得開票結果，黨外不僅在77席的省議員中奪下21席，更拿下4席縣市長：桃園縣長許信良、臺中市長曾文坡、臺南市長蘇南成、高雄縣長黃友仁，讓國民黨遭到空前挫敗，而桃園縣長開票過程，更發生民眾包圍中壢分局的中壢事件，這是臺灣選舉史上首次的民眾抗爭事件，也代表臺灣選舉及政治進入一個新階段。

桃園縣長開票當天，位於中壢分局對面的投票所中壢國小，負責選務的校長范姜新林將兩張投給許

中壢事件

中壢事件因疑似作票而爆發，在開票之前，作票傳言滿天飛，許信良陣營更提出防制作票的警告。（中央社提供）

信良之選票歸為廢票，引起民眾不滿，發生爭執。原為國民黨員之許信良此次脫黨競選，與國民黨提名之歐憲瑜形成熱戰，聲勢佔上風的許信良為防止郭雨新「虎落平陽」事件再起，選前特別呼籲大家要保護選票，因此中壢國小發生爭執後，大批民眾前往抗議，范姜新林進入中壢分局躲避，群眾轉包圍分局，進而發生警民衝突，民眾攻下分局，但在混戰中，有兩名民眾身亡，史稱「中壢事件」。

1977年縣市長當選名單

地區	當選人	黨籍	連任／新任
基隆市	陳正雄	國民黨	連任
臺北縣	邵恩新	國民黨	連任
宜蘭縣	李鳳鳴	國民黨	連任
桃園縣	許信良	無黨籍	新任
新竹縣	林保仁	國民黨	連任
苗栗縣	邱文光	國民黨	連任
臺中縣	陳孟鈴	國民黨	連任
臺中市	曾文坡	無黨籍	新任
南投縣	劉裕猷	國民黨	連任
彰化縣	吳榮興	國民黨	連任
雲林縣	林恒生	國民黨	連任
嘉義縣	涂德錡	國民黨	新任
臺南縣	楊寶發	國民黨	新任
臺南市	蘇南成	無黨籍	新任
高雄市	王玉雲	國民黨	連任
高雄縣	黃友仁	無黨籍	新任
屏東縣	柯文福	國民黨	連任
澎湖縣	謝有溫	國民黨	新任
花蓮縣	吳水雲	國民黨	新任
臺東縣	蔣聖愛	國民黨	新任

資料來源：江大樹、陳仁海，《臺灣全志（卷四）政治志・選舉罷免篇》，頁64~65。

風雨之聲

許信良為競選桃園縣長，將其在省議會四年回顧寫成《風雨之聲》，因直言而引起眾多討論。（王御風攝影）

中壢事件讓黨外奪下桃園縣，但對臺灣影響更深遠的則是21席省議員，由於這批省議員人數眾多，可以在議會中發揮集體力量，尤其是周滄淵、許金德、黃玉嬌、傅文政、何春木、張俊宏、蘇洪月嬌、林樂善、蔡介雄、趙綉娃、余陳月瑛、邱連輝、林義雄13位省議員，承襲黨外「五龍一鳳」力量，每次質詢時，都造成旁聽席爆滿，加上桃園縣長許信良，使得黨外實力攀上高峰。而國民黨在選舉失敗後，較為溫和的組工會主任李煥下台，強硬的鷹派王昇上台，黨外與國民黨硬碰硬的結果，造成了「美麗島事件」的發生。

1977年縣市長各政黨席次

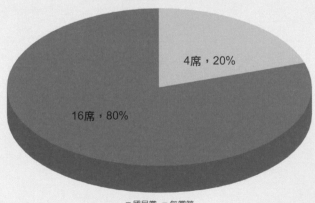

4席，20%

16席，80%

■ 國民黨　■ 無黨籍

4-4 台美斷交、美麗島事件及選罷法的執行

1977年五項公職人員選舉的黨外大勝，加上黨外省議員的轟動質詢，使得黨外對於原定1978年年底登場的增額立委及國代選舉信心滿滿，多位高學歷黨外人士紛紛投入，並有黃信介率領下的「臺灣黨外人士助選團」巡迴全省助選，黨外人士希望能透過這次全國選舉的串連，形成「沒有黨名的黨」，使得此次選舉出現宛如政黨對決的氣氛，但這一切的盤算，卻在台美斷交後化為泡影。

1978年，台美情勢變化頗大，在外有中國崛起、內有黨外進逼情形下，蔣經國於3月21日，以唯一候選人與謝東閔搭檔參選中華民國第六屆正副總統，並在國民大會高票當選。然而在12月23日增額立委、國代選舉前，美國總統卡特於12月16日宣布自1979年元月起，美國將與中華民國斷交，與中華人民共和國正式建交，為因應此一突發狀況，總統蔣經國於當天依據動員戡亂時期臨時條款發佈緊急處分令，延期舉行增額中央民意代表選舉。

選舉的延期，更加劇了執政黨與黨外間的衝突。1979年1月21日，調查局逮捕黨外的精神領袖：曾任高雄縣長的余登發及其子余瑞言，指控其為「匪諜」，涉及

余登發

橋頭事件因高雄縣長余登發被以「匪諜」罪誣陷入獄而起。余登發曾任高雄縣長，為黨國體制時期，少數能夠在地方執政之黨外政治人物。照片為余登發（左）縣長任內，陪同當時省主席周至柔巡視林園大寮。（串門文化林育如提供）

捷運美麗島站

美麗島事件影響臺灣政治深遠，如今發生地點的高雄捷運站也以美麗島為名。（何彥廷攝影）

叛亂，後被判刑。由於黨外人士原預定10天後在高雄舉行新春團拜，而且余登發家族當時擔任高雄縣長（黃友仁，余登發女婿）、省議員（余陳月瑛，余登發媳婦），在地方實力雄厚，調查局此舉具有濃厚警告意味，這也使得黨外人士在桃園縣長許信良建議下，做好被逮捕的心理準備，於1月22日至橋頭發動戒嚴後首次群眾示威遊行。

橋頭事件開始引發連鎖反應，臺灣省政府以許信良未請假南下橋頭「擅離職守」為理由，將其移送監察院彈劾，監察院移送司法院公務員懲戒委員會，將其「休職兩年」，黨外人士也以許信良生日的名義，於5月26日在桃園進行慶生會，藉以突破戒嚴時期的集會禁令，當天湧入2萬多人，軍警荷槍實彈，可見雙方的對峙。

1979年8月16日，黃信介領軍下的黨外新雜誌《美麗島》創刊出版，第一期銷售量高達7萬本，一時間洛陽紙貴，《美麗島》雜誌也成為黨外與執政黨對抗的新焦點，其在各地辦公室常常被不明人士砸毀。1979年12月10日，其在高雄舉辦世界人權日遊行，執政黨並未批准，但《美麗島》雜誌決定如期辦理，而前一天（12月9日）就有《美麗島》雜誌兩名義工姚國建、邱勝雄於宣傳時被警方逮捕，並送進鼓山分局毆打，引來許多群眾包圍鼓山分局，史稱「鼓山事件」。

鼓山事件讓雙方對峙情勢升高，許多原來並未南下準備參加遊行的黨外要角紛紛參與，軍警也加強戒備，雙方終爆發衝突，也就是著名的「美麗島事件」，政府隨即逮捕黨外人士，包括黃信介、林義雄、張俊宏、施明德、姚嘉文、呂秀蓮、陳菊、林弘宣等人，並透過媒體宣傳，將這些黨外人士塑造成「叛亂份子」，上述8人更以唯一死刑的《懲治叛亂條例》第2條第1項起訴。被逮捕的家屬開始尋找律師，組成辯護律師團，這些當時敢勇於承接的律師，如陳水扁、謝長廷、尤清、張俊雄、蘇貞昌，後來也都成為重要的政治人物。

在國際關注下，審判上述8人的軍法大審在蔣經國承諾下成

美麗島事件

美麗島事件時警民衝突場面。（翻攝自《美麗島暴力事件》）

為「公開審判」，透過媒體全文刊登。而在開庭前，1980年2月28日，被逮捕的林義雄家中，在大白天發生慘絕人寰的滅門血案，母親及雙胞胎女兒均在調查人員日夜嚴密監控下慘遭殺害，大女兒生命垂危（後來搶救回一命），此案至今尚未偵破。而美麗島事件的軍法大審登場後，前述8人闡明理念，反而讓民眾覺得這些「叛亂犯」是為民主奮鬥，並不像是媒體宣傳的叛國者，贏得民眾許多同情與支持。

執政當局在軍法大審中並未佔到便宜，於是從調整選舉制度做為回應、爭取人心。1980年5月6日，立法院審議通過「動員戡亂時期公職人員選舉罷免法」，14日經總統公布實施，此法公布後，臺灣才真正進入法治時代，開始有固定的組織負責主管選務工作。並於1980年底，重新舉行增額國民大會代表及立法委員選舉。

此次選舉於1980年12月6日舉行，共選出增額國大代表76席及增額立委70席（不包含海外遴選27席）。在增額立委部分，因高雄市於1979年升格為院轄市，故在區域部分，高雄市獨立成為一選區，臺灣省選區仍維持6選區，但第5選區改為高雄縣、屏東縣、澎湖縣。

選舉結果，國民黨仍掌握多數，在增額國代部分，其提名43位，當選41席，當選率高達95.35%，73位中國國民黨籍自行參選者，也當選22席，總計中國國民黨在總席次76席中，囊括63席，其餘僅無黨籍當選12席、民社黨當選1席。在增額立委部分，中國國民黨提名38位，當選37席，當選率97.36%，96位自行參選者，亦當選20席，在總席次70席中，中國國民黨籍當選者高達57席，另有無黨籍當選13席。

但值得注意的是，與上一屆相比，黨外雖然主力幾乎全部身陷囹圄，但家屬代為出征仍將香火延續，姚嘉文的妻子周清玉在臺北市參選國代，拿下全國最高票，張俊宏的妻子許榮淑也在第三選區（臺中縣市、彰化縣、南投縣）當選立委，黨外雖然沒有完全被美麗島事件打倒，但也元氣大傷，仍需一段時間復甦。

1980年增額國民大會代表選舉各政黨席次

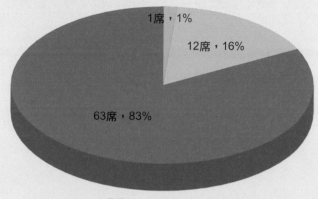

1席，1%

12席，16%

63席，83%

■國民黨　■無黨籍　■民社黨

說明：中國國民黨於此次選舉共取得63席，佔83%、中國民主社會黨1
　　　席，佔1%、無黨籍12席，佔16%。

資料來源：中央選舉委員會編印，《動員戡亂時期自由地區增加中央
　　　　　民意代表名額選舉選舉實錄》，附表2。

1980年增額立法委員選舉各政黨席次

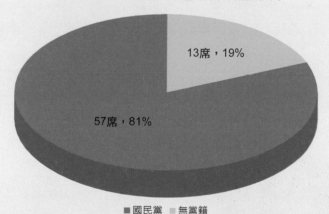

13席，19%

57席，81%

■國民黨　■無黨籍

說明：中國國民黨共獲得57席，佔總席次81%、無黨籍共獲得13席，佔
　　　總席次19%。

資料來源：資料來源：中央選舉委員會編印，《動員戡亂時期自由地
　　　　　區增加中央民意代表名額選舉選舉實錄》，附表2。

4-5 國民黨穩定領先期

臺灣縣市長及議員選舉,向來是分開舉行,但時間非常接近,為避免資源浪費,在1977年試辦將省議員、縣市長、縣市議員、鄉鎮縣轄市長及直轄市議員合併成「五合一選舉」,但當屆發生「中壢事件」,讓國民黨丟掉4縣市、21席省議員,因此行政機關表示「五合一選舉」造成許多缺失,日後公職人員選舉仍應分開舉行為宜,故這5種公職人員選舉分為2個梯次分別舉行,第1梯次為第7屆省議員、第9屆縣市長及直轄市(第4屆臺北市及第1屆高雄市)議員選舉,於1981年11月14日舉行投票,而第2梯次辦理第10屆縣市議員及第9屆鄉鎮縣轄市長選舉,於1982年1月16日舉行投票。

1981年第7屆省議員選舉及第9屆縣市長選舉,選出77席省議員,以及19位縣市長(因高雄市於1979年升格直轄市,市長改由官派,不再選舉)。而此次是美麗島事件後首次縣市長及省議員選舉,上次大勝的黨外,是否會因美麗島事件而崩盤,也備受關注。

選舉結果,在19席縣市長中,國民黨禮讓臺南市無黨籍的蘇南成,僅提名18席,國民黨相當在意上次失去的三縣市:桃園縣、臺中

邱連輝

邱連輝的獲勝,對於黨外力量的穩固相當重要。圖為其與後來也曾當選屏東縣長的蘇嘉全參選立委時,聯合造勢遊街。(宋耀光攝影)

市、高雄縣，重兵出擊下順利收復，但卻在宜蘭縣、彰化縣及屏東縣敗給黨外的陳定南、黃石城及邱連輝，仍僅當選15席，非國民黨籍奪下4席，與上次相同。而陳定南

也是在美麗島事件後加入的新血，與在省議會打滾多年的邱連輝一南一北拿下縣長，也象徵黨外老將與新血的融合。

省議員部分，國民黨在77席中

1981年縣市長當選名單

地區	當選人	黨籍	連任/新任	備註
基隆市	張春熙	國民黨	新任	
臺北縣	林豐正	國民黨	新任	
宜蘭縣	陳定南	無黨籍	新任	
桃園縣	徐鴻志	國民黨	新任	
新竹縣	陳進興	國民黨	新任	
苗栗縣	謝金汀	國民黨	新任	
臺中縣	陳庚金	國民黨	新任	
臺中市	林伯榕	國民黨	新任	
南投縣	吳敦義	國民黨	新任	
彰化縣	黃石城	無黨籍	新任	
雲林縣	許文志	國民黨	新任	
嘉義縣	涂德錡	國民黨	連任	
臺南縣	楊寶發	國民黨	連任	
臺南市	蘇南成	無黨籍	連任	
高雄縣	蔡明耀	國民黨	新任	
屏東縣	邱連輝	無黨籍	新任	
澎湖縣	謝有溫	國民黨	連任	
花蓮縣	吳水雲	國民黨	連任	
臺東縣	蔣聖愛	國民黨	連任	

資料來源：江大樹、陳仁海，《臺灣全志（卷四）政治志・選舉罷免篇》，頁110。

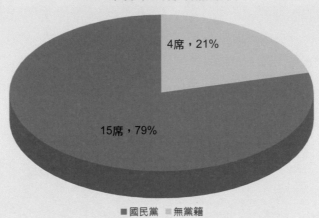

1981年縣市長各政黨席次

4席，21%

15席，79%

■國民黨　■無黨籍

當選60席（包括未經提名而自行參選者），非國民黨當選17席，與上次21席相較有所退步，可見美麗島事件確實對「黨外」造成傷害，但如宜蘭游錫堃、屏東蘇貞昌的新血加入，搭配原有的周滄淵、陳金德等人，也讓黨外慢慢復甦。

同樣的，在1983年的增額立委選舉，國民黨依舊佔盡上風。此次選舉為1980年恢復增額中央民意代表選舉後第2次選舉，由於國民大會代表6年1任，故此次僅舉行立法委員選舉，而上次當選者，也多半爭取連任機會，中國國民黨更採取高額提名策略，並取消黨員的報備參選，是此次提名與以往最大的不同。

本次選舉投票日為1983年12月

3日，在臺灣地區選出71席、海外選出27席增額立法委員，71席中國民黨贏得62席，佔87.32%，「黨外後援會」推薦及報備者6席、其他3席，非國民黨僅拿下9席，國民黨可說贏得壓倒性勝利。

在國民黨的政權穩固下，1984年的總統、副總統選舉，仍舊只有一組人馬競選，蔣經國與李登輝順利當選。緊接著在1985年11月16日，第8屆省議員、第10屆縣市長及直轄市市議員（臺北市第5屆、高雄市第2屆）選舉登場。在77席省議員部分，國民黨當選59席，非國民黨當選18席，與上次相較，國民黨小退1席，算是持平。

在縣市長部分，由於新竹市及嘉義市在1982年改制為省轄市，

此次選舉共有21縣市（新竹市與嘉義市是第2屆），結果一如上次選舉，非國民黨拿下4席縣市長，這4席為宜蘭縣陳定南、彰化縣黃石城、嘉義市張博雅及高雄縣余陳月瑛，表面看來也是持平，但新竹市與嘉義市改制首屆市長施性忠及許世賢，均為無黨籍，所以實際上是國民黨多贏得2席，小幅成長。但這段期間內黨外的選舉，其實本書未討論的臺北市議員也孕育不少日後重要人物，如陳水扁、謝長廷均在此時由臺北市議員展開其政治路程。

綜觀美麗島事件到民進黨組黨（1979年～1986年）這段時間的選

1983年增額立委各政黨席次

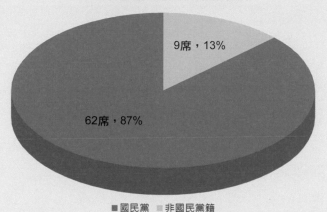

9席，13%

62席，87%

■國民黨 ■非國民黨籍

1985年縣市長當選名單

地區	當選人	黨籍	連任 / 新任	備註
基隆市	張春熙	國民黨	連任	
臺北縣	林豐正	國民黨	連任	
宜蘭縣	陳定南	無黨籍	連任	
桃園縣	徐鴻志	國民黨	連任	
新竹市	任富勇	國民黨	新任	第2屆市長，首屆市長為無黨籍施性忠

新竹縣	陳進興	國民黨	連任	
苗栗縣	謝金汀	國民黨	連任	
臺中縣	陳庚金	國民黨	連任	
臺中市	張子源	國民黨	新任	
南投縣	吳敦義	國民黨	連任	
彰化縣	黃石城	無黨籍	連任	
雲林縣	許文志	國民黨	連任	
嘉義市	張文英	無黨籍	連任	第2屆市長
嘉義縣	何嘉榮	國民黨	新任	
臺南縣	李雅樵	國民黨	新任	
臺南市	林文雄	國民黨	新任	
高雄縣	余陳月瑛	無黨籍	新任	
屏東縣	施孟雄	國民黨	新任	
澎湖縣	歐堅壯	國民黨	新任	
花蓮縣	陳清水	國民黨	新任	
臺東縣	鄭烈	國民黨	新任	

資料來源：江大樹、陳仁海，《臺灣全志（卷四）政治志‧選舉罷免篇》，頁111。

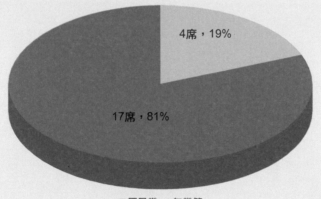

1985年縣市長各政黨席次

4席，19%

17席，81%

■ 國民黨　■ 無黨籍

舉，在黨外菁英幾乎大半被逮捕情形下，無法複製1977年的勝利，但在美麗島受難者家屬，以及由美麗島辯護律師為主的新生代崛起後，黨外仍能維持基本盤，而黨外新生代在透過幾次選舉整合後，又再度走上自由中國、美麗島的路線，開始將黨外組織化，幾次選舉都以「黨外選舉後援會」名義串連「黨外」人士，並陸續成立「黨外編輯作家聯誼會」（編聯會）、「黨外公職人員公共政策研究會」（公政會），尤其是公政會在各地廣設分會，儼然有政黨模型，這讓國民黨開始與黨外進行談判，要求公政會不再擴大、但公政會依然持續擴張，卻未見國民黨有所動作，這或許與1980年代後社會運動開始崛起，以及1984年江南案引起美國震驚、1985年十信事件造成社會金融紛擾有關，而屢次被強行關上的組黨大門，就在此背景下悄悄開啟。

圈票

雖然經歷美麗島事件等衝擊，但臺灣民主選舉仍持續成長。（翻攝《臺灣選政2》）

4-6 政黨對決的開始

1986年底的增額立委、國代選舉，是6年一次的「二合一」中央民代增額選舉，執政黨與黨外都十分重視，黨外對外雖稱仍是沿襲前幾次選舉的「黨外後援會」模式，推薦特定候選人，並展開聯合競選，但實際上卻是悄悄進行組黨工作。

1986年9月28日，黨外原本在圓山飯店要舉行選舉後援會的推薦大會，會議中卻變更議程，改為組黨的討論會，並通過黨章、黨綱，新政黨定名為「民主進步黨」，同時推薦了年底選戰的增額立委候選人19名、增額國代候選人25名，而國民黨則在早一個月通過提名增額立委候選人60名、增額國代候選人61名，這場1986年的年底選戰，也等於是臺灣歷史上第一次的政黨對決。

民進黨的成立，是繼中國民主黨、美麗島事件，臺灣民主人士對於戒嚴體制下黨禁的第三次挑戰，但此

民進黨

民進黨成立後，讓臺灣政治進入另一個新的階段，圖為民主進步黨中央黨部所在的華山商務大樓。（林雪攝影）

次執政黨並未如以往數次的強力鎮壓，總統蔣經國對此明白表示將開放黨禁，並在1987年7月15日解除長達38年的戒嚴令、11月開放探親、隔年1月開放報禁，而一直被病魔纏身的蔣經國，在其晚年用最後餘力完成這些改革開放後，於1988年1月13日病逝，由副總統李登輝繼任。

蔣經國晚年的放手，可能與國內外情勢有關。中壢事件後，國民黨由鷹派王昇主導，其在1983年被外放至巴拉圭擔任大使，外傳與蔣經國之子蔣孝武爭權有關，1984年的江南案，臺灣情治系統在美國槍殺筆名江南的劉宜良，引起軒然

大波，更讓美方不滿，也迫使蔣經國於1985年宣示蔣家第三代不會競選總統，並於1986年將蔣孝武外放至新加坡。而1980年代國內層出不窮的社會運動以及1985年的十信事件，也說明臺灣已經到了非轉型不可的時刻。

此次選舉為民主進步黨成立後首次選舉，可說是政黨選舉的濫觴。兩陣營從選舉活動開始，就透過政見會互相辯論，在選前，1986年12月2日，前桃園縣長許信良企圖搭乘菲航闖關返台失敗，但仍引起支持者在桃園中正機場與警方發生衝突，更升高此次選戰溫度。

選舉於1986年12月6日舉行，增額國大部分應選出84席，執政黨國民黨當選68席、民主進步黨當選11席、民社黨當選1席、無黨籍4席。增額立委部分共選出73席，中國國民黨贏得59席、民主進步黨獲得12席、無黨籍2席，中國國民黨仍具有優勢。執政黨仍掌握大半席次，但初試啼聲的民主進步黨也已具備與其競爭之實力。

豐富多元的報紙

解嚴後報禁、黨禁相繼解除，報紙不再僅有三大張，報導內容也更為多元。（何彥廷攝影）

1986年增額國大代表各政黨席次

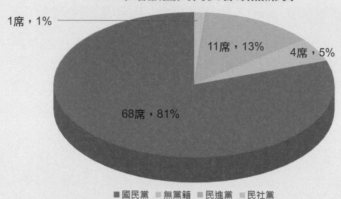

1席，1%

11席，13%　　4席，5%

68席，81%

■國民黨　■無黨籍　■民進黨　■民社黨

1986年增額立法委員各政黨席次

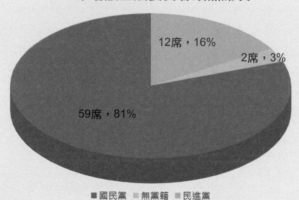

12席，16%

2席，3%

59席，81%

■國民黨　■無黨籍　■民進黨

　　因為不論從得票率及席次來看，民進黨（黨外）均有大幅成長。增額立委得票率從1980年的13.90%、1983年的16.82%，到此次的24.78%，成長可見，因為在許多選區，民進黨候選人均以第一高票當選。而在席次上，雖然總席次與以往非國民黨當選席次相比，成長有限，但若以「黨外」系統來看，此次的12席立委、11席國代，與上屆的6席立委、5席國代相較，則足足多了一倍，可見在進入政黨時代後，民進黨將會持續成長，國民黨也將遭受真正的挑戰。

4-7 李登輝時代的開始

　　1988年1月13日，蔣經國逝世，副總統李登輝依據憲法就任中華民國總統，成為第一位臺灣籍的中華民國總統。面對蔣經國生前開啟的時代大門：開放黨禁、解嚴、開放探親，很少人認為這位在蔣經國生前畢恭畢敬的副總統，能夠成為這個變動時代的領袖，因為李登輝學者出身，又無班底，與國民黨的外省統治階層素無淵源，甚至連蔣經國為何在1984年提名其為副總統都眾說紛紜，一般人都認為他將僅是過度暫代，卻不料其最後在位12年，並主導了臺灣政治的民主化，讓臺灣的選舉制度逐步改變，並落實全面民主。

　　李登輝甫上台，就面臨國民黨其他勢力的挑戰，其雖依法繼任總統，但在中常會上，中常委有意擱置其接任真正權力核心的黨主席，後經宋楚瑜「臨門一腳」才將李登輝送上黨主席寶座，李登輝也順著蔣經國的開放列車，開始逐步修正各項選舉制度，1989年的增額立委、省議員、縣市長選舉就是其首次掌握大權的選舉，由於「國會全面改選」是民間呼籲多年的願望，也可看到在增額立委選舉制度上改變最大。

　　1989年1月20日，立法院三讀通過「動員勘亂時期人民團體法」，其中增列政治團體專章，對

李登輝為第一位台籍中華民國總統，於十二年的任期內，積極推動各項政治、經濟改革，對於臺灣徹底轉型為民主政治體制有莫大貢獻。（王御風攝影）

政黨成立採取低度規範的報備制，也讓此次選舉，政黨間的競爭格外引人注目。同時也於1月26日對「動員勘亂時期公職人員選舉罷免法」做部分條文修正。

在此基礎上，總統李登輝於1989年2月22日主持國家安全會議，通過「動員戡亂時期自由地區增加中央民意代表名額辦法」及「動員戡亂時期僑選增額立監委遴選辦法」修正案，決大幅擴增3個國會增額中央民代名額，強化中央民意機構的憲政傳承功能，增額立委名額一口氣從原來的73席增加為130席（含僑選立委29席），區域立委的增加幅度最大，從原來的55席增加到79席，因此選舉區也做大幅度改變，從原來的臺北市、高雄市、臺灣省6選區及福建省共9個選區改為臺北市、高雄市各2選區，臺灣省21縣市各1選區、福建省1選區，總共26選區，這讓此次選舉與上次截然不同，每個縣市也可選出屬於自己的立委。

本次選舉投票日於1989年12月2日舉行，由於此次選舉為黨禁開放後首度選舉，更是增額立法委員、縣市長、臺灣省議員、北高市議員「4合1」選舉，主要在野黨民主進步黨究竟能夠搶下多少席公

1989年增額立法委員選舉各政黨席次

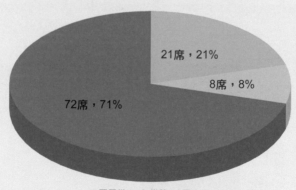

21席，21%

8席，8%

72席，71%

■ 國民黨　■ 無黨籍　■ 民進黨

說明：中國國民黨共獲得72席，佔71%、民主進步黨共獲得21席，佔21%、無黨籍共獲得8席，佔8%。

資料來源：中央選舉委員會編印，《動員戡亂時期自由地區增額立法委員選舉選舉實錄》，附表二。

職，備受各界關注。

在立委部分，總計101席的增額立委（不含僑選立委），中國國民黨拿下72席，民主進步黨21席，無黨籍8席。比較1976年增額立委選舉，民主進步黨有小幅成長，但國民黨仍掌握大局。

同樣的，在77席省議員部分，國民黨拿下56席，民進黨拿下16席，無黨籍則5席，與上屆（1985年）相比，國民黨從59席退步3席，雖不如上次，但仍可接受。

真正關鍵在於縣市長部分，國民黨遭遇前所未有的大敗，21縣市中丟掉7席縣市長，6席由民進黨奪下：分別是臺北縣尤清、宜蘭縣游錫堃、新竹縣范振宗、彰化縣周清玉、高雄縣余陳月瑛、屏東縣蘇貞昌，另1席嘉義市由無黨籍張文英當選，國民黨僅獲得14席。而此次選舉也同時進行的是北、高直轄市市議員選舉，同樣都呈現民進黨成長的態勢。總投票率也突破了以往國民黨7成、非國民黨3成的「七三率」，變成了國民黨6成、非國民黨3成、無黨籍1成的「六四率」。這也說明在解嚴後，民進黨步步進逼的趨勢，李登輝如何因應，也攸關接下來的臺灣政治發展。

余陳月瑛

余陳月瑛在高雄縣的獲勝，延續了高雄縣的黨外力量。（邱薇樺攝影）

1989年縣市長當選名單

地區	當選人	黨籍	連任／新任
基隆市	林水木	國民黨	新任
臺北縣	尤清	民進黨	新任
宜蘭縣	游錫堃	民進黨	新任
桃園縣	劉邦友	國民黨	新任
新竹市	童勝男	國民黨	新任
新竹縣	范振宗	民進黨	新任
苗栗縣	張秋華	國民黨	新任
臺中縣	廖了以	國民黨	新任
臺中市	林柏榕	國民黨	新任
南投縣	林源朗	國民黨	新任
彰化縣	周清玉	民進黨	新任
雲林縣	廖泉裕	國民黨	新任
嘉義市	張文英	無黨籍	新任
嘉義縣	陳適庸	國民黨	新任
臺南縣	李雅樵	國民黨	連任
臺南市	施治明	國民黨	新任
高雄縣	余陳月瑛	民進黨	連任
屏東縣	蘇貞昌	民進黨	新任
澎湖縣	王乾同	國民黨	新任
花蓮縣	吳國棟	國民黨	新任
臺東縣	鄭烈	國民黨	連任

資料來源：江大樹、陳仁海，《臺灣全志（卷四）政治志‧選舉罷免篇》，頁113。

1989年縣市長各政黨席次

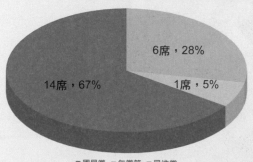

■國民黨　■無黨籍　■民進黨

4-8 萬年國代再見

1987年7月15日零時起,實施長達38年的戒嚴令在蔣經國總統的宣布下解除,1988年1月13日,蔣經國總統逝世,副總統李登輝繼任,隨著強人總統的過世及政治環境的改變,民間要求政治改革的呼聲大起,首當其衝就是40多年未曾改選的中央民意代表。

1988年3月,總統李登輝主持國家安全會議,通過推動資深民意代表退職的決議,1989年1月,立法院三讀通過「第1屆資深中央民意代表自願退職條例」,但中央民代「自願」退職者不多。

而李登輝主政兩年期間,並未獲得原國民黨內人士完全支持,此時國民黨分裂為李登輝的「主流派」及反李登輝的「非主流派」,兩派在1990年2月的第8屆總統大選中攤牌,「非主流派」欲推出林洋港、蔣緯國與其競爭,並希望以表決方式一決勝負,但最後林洋港被勸退,仍維持僅有一組搭檔的傳統,順利當選。但過程中,「萬年國代」藉機擴權,表現讓國人難以接受,於是「全面改選」的呼聲再起。

李登輝時代所面對的,除了政治上的「主流、非主流」對決外,解嚴後憲政問題也是相當重要。解嚴後,「臨時條款體制」已不符合民眾需要,但如回歸憲法,卻要面臨憲法本身的問題。首先國會遲遲未改選,造成合法化的疑慮。其次是中華民國憲法制定之初,是以三十五個行省、二個地方、一個特別行政區做為其施行範圍,但就現實上,如今僅剩下「台、澎、金、馬」地區,原先設計在臺灣是否合身,不無疑問。

在此情形下,「國會全面改選、終止動員戡亂時期、廢除臨時條款」成為此階段的重要議題,而國民大會的「二月政爭」更是引爆民眾不滿。1990年3月16日,9位台大學生到中正紀念堂靜坐抗議,馬上獲得廣大響應,臺灣各大學學生數千人均到此靜坐抗議,並提出4點訴求:1.解散國民大會2.廢除動員戡亂時期臨時條款3.召開國是會議4.提出民主改革時間表,代表一般民眾的心聲,而學生最後選出「野百合」做為此次運動精神象徵,因此被稱為「野百合學運」。

野百合學運帶動臺灣一連串的政治改革,圖為學生在
中正紀念堂廣場上的情形。(中央社提供)

　　剛當選總統的李登輝,在3月
21日接見學生,允諾召開國是會
議,化解此次學運危機。在國是會
議中,李登輝利用民進黨與民意的
壓力,達成憲改的共識,從1990年
底開始,展開一連串的修憲工程,
陸續廢止動員戡亂時期臨時條款、
制定地方自治法,讓省長、直轄市
得以民選、總統任期改為四年並以
直選方式完成、監察委員改由總統
提名、與現今中華民國範圍多半重
疊的臺灣省也被「精省」、廢除國
民大會,讓臺灣的憲政體制漸漸符
合西方式的「自由民主憲政」。

　　而關於「萬年國代」的去留,

　　1990年6月,朝野立法委員26人連
署聲請大法官釋憲,希望透過釋憲
來解決此問題,經司法院大法官會
議作出釋字261號解釋文,確認第
1屆國民大會代表將於1991年12月
31日終止,新產生的第2屆國民大
會代表將於1992年1月1日進行修憲
工作,但要如何產生新國會,也需
要修改憲法,才能有法源依據,故
此,執政當局決定先由第1屆國代
召開臨時會,以「憲法增修條款方
式」賦予選舉第2屆國會的法源,
再由新國會完成修憲的「2階段修
憲」。

　　1991年4月8日,第1屆國民代

表大會第2次臨時會召開，於4月22日三讀通過「中華民國憲法增修條文」，確立第2屆國民大會產生辦法，並於12月21日進行選舉，選出325位國民大會代表，開始修憲工程。

此次選舉在制度上變革最大的是廢止婦女及職業團體，改採全國不分區、僑居國外國民代表。而爭議最大的是，政黨的得票率該採政黨與候選人分開的「2票制」或是經政黨推薦的候選人同時刊印其黨籍的「1票制」，最後通過以「1票制」決定不分區及僑選國代的政黨比例。

此次選舉，為國民大會首次全面改選，區域部分以臺、澎、金、馬為選舉區，有別於首屆的中國大陸及臺灣，故選舉區將重新劃分，然而該如何劃分，引起許多討論，中央選舉委員會最後決定採取「小選區」制，共選出325位第2屆國民大會代表。

由於此次選出之國民大會代表，其任務為修改憲法，當時在野的民主進步黨為突顯其國家認同主張，於競選活動前通過「台獨黨綱」，遂使此次選舉主軸成為國家認同的「統獨對決」。而執政的國民黨希望拿下國民大會代表的4分之3席次，主導修憲工程，此次競選活動就在這兩大主軸下，展開激

國大代表提名 第2屆國代選舉是一次國家路線辯論，在國民黨黨內提名時可看到旁邊標語清楚陳述主張。（李建民提供）

烈的攻防戰。

此次選舉於1991年12月21日舉行投票，結果以「修憲、安定」為主要政見的國民黨獲得重大勝利。325席國代，國民黨獲得254席，超過主導修憲所必要的總席次4分之3；以「制憲、建國」為主要政見的民進黨則在選戰中受挫，獲得66席，在席次、得票率兩項均未達4分之1；原希望在兩大黨之外另闢空間的中華社會民主黨、全國民主非政黨聯盟，得票率則均未跨過百分之5的門檻，全國民主非政黨聯盟獲得3席、中華社會民主黨則未拿下半席，也讓這個新成立的政黨影響力大減，無黨籍則獲得2席。

此次選舉的勝利也奠定李登輝的民意基礎，在其主導下，接續完成6次修憲，也形成我們今日熟知的憲政內容。

1991年國民大會代表選舉各政黨席次

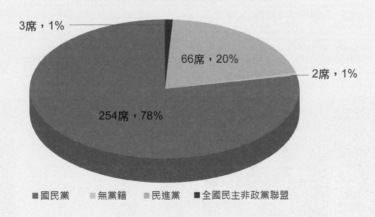

3席，1%

66席，20%

2席，1%

254席，78%

■ 國民黨　　■ 無黨籍　　■ 民進黨　　■ 全國民主非政黨聯盟

說明：中國國民黨當選254席，佔78%、民主進步黨當選66席，佔20%、全國民主非政黨聯盟當選3席，佔1%、無黨籍當選2席，佔1%。

資料來源：中央選舉委員會編印，《第2屆國民大會代表選舉選舉實錄》，頁1900~1901

4-9 新國會的誕生

1990年6月，大法官釋字261號解釋文宣布第1屆中央民意代表任期終止，國民大會遂於1991年4月召開「第1屆國民大會第2次臨時會」，訂定「中華民國憲法增修條文」，賦予第2屆中央民意代表法源依據並規定：「立法院第2屆立法委員及監察院第2屆監察委員應於中華民國82年1月31日前選出，均自中華民國82年2月1日開始行使職務」。第2屆立法委員選舉依規定於1992年12月19日舉行，完成立法委員的全面改選。

此後立法委員選舉，每3年定期改選，分別在1995年、1998年、2001年、2004年，分別選出第3屆、第4屆、第5屆、第6屆立法委員。但隨著國民大會自1991年起一連串修憲過程，先於1992年將監察委員產生方式改由總統提名、1997年將省議會改為省諮議會、2000年將國民大會改為「任務型國大」，3個中央民意代表機構：立法院、國民大會、監察院，僅剩下立法委

臺灣獨立遊行

新國會成立後，統獨成為選舉時主要爭論的主軸，街頭上也常可見主張臺灣獨立的遊行。（王御風攝影）

員產生方式仍是由人民定期改選。而原先為臺灣各縣市政治菁英力爭的省議員也不需透過選舉方式產生後，更突顯立法委員的重要性，立法委員不僅與縣長，同為各縣市中最重要的公職，席次也大幅增加，從1969年增補選11席、到1972年增額立委51席（含遴選僑委15席）、1989年增額立委130席（含遴選僑委29席）、本屆（1992）年為161席、後在1997年修憲時，為配合凍省及廢止省議員選舉，再度增加立委至225席，直到2008年第7屆選舉才大幅減半為113席。

第2屆立法委員選舉是自1947年第1屆立法委員選舉後，首度全面改選，自然備受矚目，自此之後，立法院以臺灣選出之代表為主體。此次選舉執行方式是以1991年8月2日公布實施之「公職人員選舉罷免法」為依據，此法為原實施之「動員戡亂時期公職人員選舉罷免法」加以修正而成，制度上變革最大的是廢止中央民意代表婦女及職業團體選舉制度，改採全國不分區、僑居國外國民選舉制度，後兩者依照政黨比例方式選出，故日後各選區僅需投票選出區域立委及平地山胞（後改為原住民）及山地山胞（後改為原住民）立委。

第2屆立法委員選舉區之劃分，由中央選舉委員會廣徵各界意見定案，其中除福建省分為2選區：金門縣與連江縣（馬祖），及臺北市大同區改歸北市南區外，其餘區域及自由地區山地山胞及平地山胞選區均未變動。但此次選舉為全面改選，故各選區之席次均大幅增加，區域立委總計119名、山胞立委6名、僑選立委6名、不分區立委30名，共161名。

本次選舉名額大幅增加，也給地方政治菁英進軍中央的機會，造成參選人數爆炸。執政的中國國民黨黨內提名時就高額提名，希望能囊括立院多數席次，輿論則認為這次選舉是給地方派系「上京論劍、向上發展」的機會。

選舉結果為國民黨重挫，在立院161席中，民進黨由原先的18席，增加為50席，佔總席次31%；國民黨則由原先總席次比例77%降到64%（103席）。其他僅中華社會民主黨拿下1席，無黨籍共有7席。這不僅顯示國、民兩黨已成為臺灣政治主軸，國民黨更從原先的7成選票，開始保衛6成，而非國民黨（民進黨加上其他政黨及無黨籍）席次也突破三分之一。

從長期趨勢看來，立法院在

「萬年立委」退職後，臺灣地方菁英開始進入立院，以往的中央（外省籍）／地方（本省籍）涇渭分明的情形已不復見，國民黨在國會中再也沒有不用改選的「鐵票部隊」，臺灣的政治正邁入一個全新里程碑。

第二屆立法委員席次

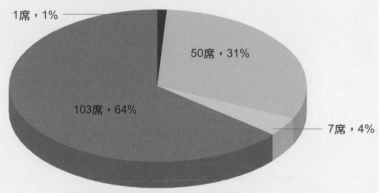

- 1席，1%
- 50席，31%
- 103席，64%
- 7席，4%

■國民黨　■無黨籍　■民進黨　■中華社會民主黨

陳水扁

在第二屆立委中，陳水扁也順利當選，其隨後於1994年當選臺北市長，開啟政黨選舉的新局，圖為1996年為民進黨總統大選候選人彭明敏、謝長廷站台造勢。（串門文化林育如提供）

李登輝時代的修憲成果

會議名稱	修憲議題	會議時間	修憲結果
第一次修憲 （第一屆國民大會第二次臨時會）	主要議題： 1. 國會代表性危機的解決 其他議題： 2. 兩岸關係法案 3. 國安會等的地位	1991.4.8 ～4.22	通過十條憲法增修條文，並廢止《動員戡亂時期臨時條款》： 1. 賦予國會全面改選的法源。 2. 應制頒兩岸關係的法案。 3. 應制頒國安會、國安局、人事行政局等機關的組織法。
第二次修憲 （第二屆國民大會第一次臨時會）	主要議題： 1. 總統任期的變更 2. 總統選舉方式 3. 地方自治法源 其他議題： 4. 國大職權的變更 5. 司法、考試、監察三院成員遴選方式	1992.3.20 ～5.27	通過八條增修條文： 1. 總統任期：一任四年，得連任一次。 2. 總統選舉方式：由中華民國自由地區全體人民選舉之。（方式未定） 3. 賦予地方自治法源：臺灣省政府改置省長，由省民選舉之；直轄市長民選。 4. 召開國大年會，聽取總統國情報告，提供國是建言；第三屆任期改為四年。 5. 司法、考試正副院長和大法官、考試及監察委員由總統提名，國民大會同意。
第三次修憲 （第二屆國民大會第四次臨時會）	主要議題： 1. 總統選舉方式 2. 行政院長副署權 其他議題： 3. 國大職權的變更	1994.5.2 ～7.29	通過前二階段十八條增修條文整理與修正為十條： 1. 總統直接民選，採相對多數決。 2. 縮小行政院長副署權。 3. 增設國大議長、副議長，定期集會。

會議名稱	修憲議題	會議時間	修憲結果
第四次修憲（第三屆國民大會第二次會議）	主要議題： 1.中央政府體制的調整 2.總統選舉方式 3.省自治問題 其他議題： 4.公投入憲 5.凍結國大代表、鄉鎮市長選舉 6.教科文預算下限及大法官任期	1997.7.18	修正相關條文： 1.「雙首長制」的確立（取消立法院閣揆同意權、增加立法院倒閣權、總統可解散立法院、立院席次增加為225席、取消會期外不逮捕特權）。 2.總統選舉方法無結論。 3.省虛級化（凍結省級選舉）。 4.無結論。 5.無結論。 6.取消教科文預算下限；大法官任期縮為八年，不得連任。
第五次修憲（第三屆國民大會第四次會議）	主要議題： 1.國大延任及選舉問題 其他議題： 2.立委任期問題 3.其他	1999.9.3	修訂相關條文： 1.第三屆國大延任至2000年6月30日；自第四屆改為政黨比例代表制，依立委選舉票數選出。 2.第四屆立委延任至2000年6月30日；自第五屆起任期改為四年。 3.國大婦女保障名額。
第六次修憲（第三屆國民大會第五次會議）	主要議題： 1.廢除國大案 2.國會調整職權 其他議題： 3.總統提國情報告 4.大法官待遇	2000.4.8 ～4.24	修訂相關條文： 1.國大虛級化，改依比例代表選出。 2.國民大會三權移轉立法院。 3.總統改向立法院提國情報告。 4.取消大法官終身優遇。

4-10 僅此一次的省長選舉

1993年至1994年之間，全國各地均進行地方首長的選舉，這兩年的選舉有幾項值得注意之處：

一是1993年是福建省金門縣、連江縣的首次縣長選舉，使得臺灣省民選縣市長擴增至23縣市。

二是1994年的選舉，為臺灣政治史上首次的臺灣省長及直轄市市長選舉。事實上，憲法原規定可依法實施地方自治，但執政當局深怕臺灣省區域與1949年後之中華民國所轄區域大半雷同，實施省長民選等於是總統直接民選，於是冷凍相關法源，直到1994年，才首次實施省長及直轄市長選舉。

三是國民黨內與李登輝意見不合之人士，於1993年8月成立「新黨」，成為繼國民黨及民進黨之後的第三大黨，後更於1994年與中華社會民主黨合併。新黨從1993年開始投入選舉，並掀起「新黨旋風」，也開啟了國民黨的分裂潮，日後原國民黨系統的分分合合，也影響臺灣的政治版圖。

1993年的第12屆縣市長選舉，民進黨與國民黨在彰化縣、屏東縣、臺南縣、澎湖縣展開激烈攻防，國民黨的阮剛猛及伍澤元擊敗民進黨尋求連任的周清玉及蘇貞昌，但民進黨也在臺南縣及澎湖

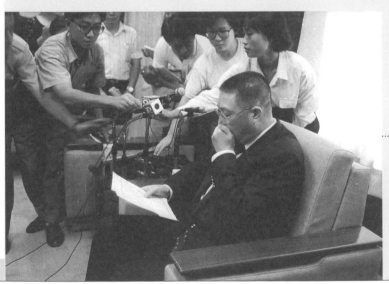

吳敦義

吳敦義為競選首屆民選高雄市長，向中央要求希望能重視高雄，後果然順利當選。（高雄市立歷史博物館提供）

1993年縣市長當選名單

地區	當選人	黨籍	連任／新任	備註
基隆市	林水木	國民黨	連任	
臺北縣	尤清	民進黨	連任	
宜蘭縣	游錫堃	民進黨	連任	
桃園縣	劉邦友	國民黨	連任	
新竹市	童勝男	國民黨	連任	
新竹縣	范振宗	民進黨	連任	
苗栗縣	何智輝	無黨籍	新任	
臺中縣	廖了以	國民黨	連任	
臺中市	林柏榕	國民黨	連任	
南投縣	林源朗	國民黨	連任	
彰化縣	阮剛猛	國民黨	新任	
雲林縣	廖泉裕	國民黨	連任	
嘉義市	張文英	無黨籍	連任	
嘉義縣	李雅景	國民黨	新任	
臺南縣	陳唐山	民進黨	新任	
臺南市	施治明	國民黨	連任	
高雄縣	余政憲	民進黨	新任	
屏東縣	伍澤元	國民黨	新任	
澎湖縣	高植澎	民進黨	新任	
花蓮縣	王慶豐	國民黨	新任	
臺東縣	鄭建年	國民黨	新任	
金門縣	陳水在	國民黨	新任	縣長首次民選
連江縣	曹常順	國民黨	新任	縣長首次民選

資料來源：江大樹、陳仁海，《臺灣全志（卷四）政治志・選舉罷免篇》，頁155~156。

1993年縣市長各政黨席次

5席，26%

2席，9%

15席，65%

■國民黨　■無黨籍　■民進黨

縣，由陳唐山及高植澎打敗國民黨候選人，兩黨一來一往，扳成平手。民進黨在此次仍是6席、國民黨增加了金門、連江，但苗栗縣敗給脫黨的何智輝，因此僅增加1席，為15席，另2縣市則由在嘉義市穩固的張家班張文英，以及何智輝2位無黨籍奪下。大致延續上屆的政治版圖，並無太大變化，首次出擊的新黨雖在臺北縣、新竹市推出候選人，但均沒有攻下城池。

1994年的選舉，則除了原有的臺灣省第10屆省議員、直轄市市議員（臺北市第7屆、高雄市第4屆）外，尚有首次登場的臺灣省省長、高雄市、臺北市長的選舉，後三者最受人矚目。

在修憲時，為解決省長與直轄市長僅官派、不民選的問題，於

1992年5月27日三讀通過「中華民國憲法增修條文」第17條的法源依據，1994年7月，立法院連續通過了「省縣自治法」與「直轄市自治法」，隨後又配合修正「選舉罷免法」，終於備齊為省長、直轄市長首度開放民選的法制基礎，這個「世紀首戰」也在1994年12月3日登場。

此次選舉最受人矚目的是臺北市長選舉，國民黨推出當時的官派市長黃大洲，希望能藉執政之便當選，民進黨則在黨內政治明星陳水扁及謝長廷「長扁之爭」後由陳水扁出線角逐，新黨則推出立法委員趙少康，在三強鼎立下，同樣出自國民黨陣營的趙少康、黃大州分散選票，讓民進黨首次當選首都市長，也開啟接下來的「陳水扁

時代」。而新黨在臺北市議會的選情，也因為趙少康的拉抬，獲得11席，與國民黨（20席）、民進黨（18席）鼎足而三，更讓國民黨首次在臺北市議會不過半，其他的選舉（省長暨省議員、高雄市長暨高雄市議員）雖無法像臺北市激起浪花，但就新政黨而言，成績仍難能可貴。

實際上，就長遠歷史發展來看，這次的臺灣省長選舉更值得關注，因為不僅是像民進黨候選人陳定南的口號「400年來第一戰」，而且是「唯一一戰」，因為在1997年修憲後，臺灣省就不見了（虛級化），也不再有「省長」。此次選舉，國民黨提名的現任省主席宋楚瑜聲勢浩大，以4,726,012票輕取主要對手民進黨候選人陳定南的3,254,887票，狂勝將近150萬票，宋楚瑜在省長的執政經驗，也奠定其日後挑戰總統大位的基礎。

另一個主要戰場是高雄市長，國民黨同樣提名現任市長吳敦義，

宋楚瑜　宋楚瑜是唯一一任的臺灣省省長，也在臺灣政壇屹立不搖。圖為2015年與高雄市長陳菊（右）合影。（王御風提供）

1994年臺灣省長、北高市長當選人

地區	當選人	黨籍	連任／新任	備註
臺灣省	宋楚瑜	國民黨	新任	首次選舉
臺北市	陳水扁	民進黨	新任	首次選舉
高雄市	吳敦義	國民黨	新任	首次選舉

資料來源：江大樹、陳仁海，《臺灣全志（卷四）政治志·選舉罷免篇》，頁155~156。

也輕取對手民進黨提名的張俊雄，也使得國民黨雖然痛失臺北市長，但仍繼續在臺灣省及高雄市執政，算是穩住陣腳。

在省議員部分，則與上一次立委選戰（1992年）相同，在總席次79席中，國民黨從上次56席退步5席，成為51席，民進黨則拿下23席，比上次16席進步7席，兩者呈現「六三比」。新黨則拿下2席、無黨籍奪得3席，國民黨逐步退守6成底線，也成為確定的趨勢。

整體而言，在此次臺灣省及北高省、市長及省、市議員選舉中，執政的國民黨不僅在臺北市長落敗，在省、市議會中，省議員較上屆減少5席（由56席降為51席）、高雄市議會減少6席（由29席降到23席）、臺北市議會降幅最大，減少15席（由37席降到22席），且首次未過半（總席次為52席），相較於奪下臺北市長，且在省、市議會席次均成長（省議員增加7席為23席、臺北市議員增加4席為18席、高雄市議員增加8席為11席）的民主進步黨，以及初試啼聲就一鳴驚人（臺北市議會獲得11席、臺灣省議會及高雄市議會均獲得2席）的新黨，國民黨能否繼續守住城池，是接下來國會及總統大選的焦點。

4-11 新黨旋風

　　1995年年底的立委選舉，距離第2年（1996年）的總統大選僅僅只有3個月的距離，因此所有人均將此次選舉視為第2年選舉的前哨戰，而在總統大選多組人馬參選下，也拉抬了民進黨、新黨的氣勢，「三黨不過半」的口號震天響，雖然最後沒有實現，但新黨在此次選舉異軍突起，也讓多黨政治有成形的可能。

　　前1年（1994年）的臺灣省及北高省、市長及省、市議員選舉中，執政的中國國民黨不僅在臺北市長落敗，在省、市議會中席次下滑，國民黨能否在立法院保持過半的執政優勢，且贏得次年的總統大選，這次的立法委員選舉是關鍵，尤其在本次選戰，各黨派的總統參選人（中國國民黨李登輝、民主進步黨彭明敏、新黨推薦，但本身為中國國民黨籍的林洋港、中國國民黨自行參選的陳履安）均已宣布參選，也至各地為其黨派或支持者助選，使得選戰格外激烈，也讓此次選舉與總統大選密不可分。

新黨黨部

新黨的崛起，讓國民黨分裂檯面化，也讓臺灣邁入多黨政治。（林雪攝影）

在上述因素下，此次立委選舉呈現參選爆炸情形，全國共有334人登記，角逐128席區域立委，而此次選戰之全國性主軸為民進黨、新黨訴求之「三黨不過半」，在前一年因新黨崛起而造成臺北市議會無任何政黨過半後，此種現象是否會複製在立法院中，備受國人關切，民進黨更趁勢推出「大聯合內閣」之訴求，營造此氣勢；國民黨則要力保在立法院過半，以免影響次年總統大選。

本次選舉投票日為1995年12月2日，開票結果國民黨守住原有的優勢，讓「三黨不過半」無法成真，但席次較上屆為弱，民主進步黨雖有成長，但幅度不大，新黨則是大幅增加，成績最為亮眼。在總席次164席中，中國國民黨獲得85席（區域與原住民67席、不分區15席、僑選3席），勉強過半，但得票率首次在百分之50以下，民主進步黨則獲得54席（區域與原住民41席、不分區11席、僑選2席）、新黨21席（區域與原住民16席、不分區4席、僑選1席）、無黨籍4席。以3黨為主的政黨型態，在此次選舉後正式成形。

1995年立法委員選舉各政黨席次

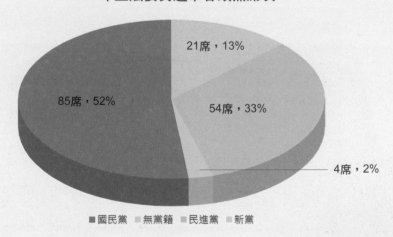

21席，13%

54席，33%

85席，52%

4席，2%

■國民黨　■無黨籍　■民進黨　■新黨

參考書目

江大樹、陳仁海，《臺灣全志（卷四）政治志‧選舉罷免篇》（南投：國史館臺灣文獻館，2007）。

李筱峰，《台灣民主運動40年》（臺北：自立晚報，1987）。

若林正丈，《蔣經國與李登輝》（臺北：遠流，1998）。

若林正丈，《臺灣の政治——中華民國臺灣化（戰後史）》（東京：東京大學出版社，2008）。

胡慧玲，《百年追求（卷三）：民主的浪潮》（臺北：衛城，2013）

陳世宏，《李登輝先生與臺灣民主化》（臺北：玉山社，2004）。

陳翠蓮，《臺灣全志（卷四）政治志‧民意機關篇》（南投：國史館臺灣文獻館，2007）。

黃富三，《美麗島事件》（南投：臺灣省文獻會，2001）。

黃嘉樹、程瑞，《臺灣政治與選舉文化》（臺北：博揚，2001）。

黃嘉樹，《第三隻眼看臺灣——透視國民黨的臺灣經驗1945~1988》（臺北：大秦，1996）。

鄭牧心（鄭梓），《台灣省議會之變局》（臺北：八十年代，1980）。

鄭牧心，（鄭梓）《臺灣議會政治四十年》（臺北：自立晚報，1988）。

第五篇

我的一票選總統！

　　1996年3月23日，臺灣人民第一次用自己手上的選票，一票票選出中華民國第九任總統。這次選舉也引起國際間的關注，不僅這是華人地區第一次用直接選舉方式選出國家元首，更因為中國為了表達對此次選舉的不滿，發射飛彈到臺灣大門口，讓美國出動航空母艦小鷹號到臺灣海峽坐鎮，才順利完成這次歷史性的大選。

　　自此之後，臺灣已陸續完成4次總統大選（2000、2004、2008、2012），並出現兩次政黨輪替，國民黨不再是永遠的執政黨，2000年民進黨首次取得執政，2008年國民黨再度奪回政權。除了國民黨、民進黨兩大

政黨外，親民黨、台灣團結聯盟、綠黨等政黨也積極參與選舉，臺灣逐步走向多黨政治，加上2004年開始的公投，臺灣的民主環境逐漸成熟。

　　但從里長到總統，通通都是由選舉產生，這也使得1996年後臺灣選舉相當頻繁，從1996年到2014年的18年，共有17次大型選舉（總統、立委、國代、縣市長），平均每年會有一次選舉，這也使得臺灣社會長期沉浸在選舉氛圍中，也讓兩黨對抗相當嚴重，近幾年來將選舉逐漸整合，希望能對此情形有所

投票通知單

從1996年開始，上自總統、下至里長，都由臺灣人民一票票決定。（張寶辛提供）。

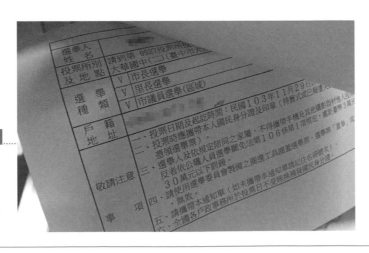

改善。

這18年是臺灣的選舉年代，每一次選舉總會看到各政黨高呼「存亡關鍵一役」，確實也有數次選戰讓許多小黨消失，兩大黨也都曾被重重摔下，但至今仍不脫藍、綠兩大陣營對抗的態勢。以下就將18年來的重大選舉逐一整理，回顧臺灣政治版圖的變遷。

選舉史小百科

總統直選的法源依據

　　中華民國總統選舉，原依據憲法規定，是由國民大會代表間接選出，但政府播遷來臺後，為因應領土廣大所設計之間接選舉條件已不存在，1991年開啓之修憲，許多團體要求總統改為「直接選舉」，幾經討論，於1994年，國民大會通過憲法增修條文第二條第一項，正式確立總統直接民選，將由1996年第9任總統選舉時實施。該條文通過後，內政部依此制訂「總統、副總統選舉罷免法」及其施行細則，經立法院第2屆第5會期審議三讀通過，總統於1995年8月9日公布施行，成為總統副總統選舉之基本規範。

1996年至2014年臺灣歷次重大選舉

投票日期	選舉名稱
1996.3.23	第9屆總統副總統及第3屆國民大會代表選舉
1997.11.29	第13屆縣市長及議員選舉
1998.12.5	第4屆立法委員選舉及第2屆直轄（北、高）市長市議員選舉
2000.3.18	第10屆總統副總統選舉
2001.12.1	第5屆立法委員及第14屆縣市長及議員選舉
2002.12.7	第3屆直轄（北、高）市長市議員選舉
2004.3.20	第11屆總統副總統選舉
2004.12.11	第6屆立法委員選舉
2005.5.14	任務型國代
2005.12.3	第15屆縣市長選舉
2006.12.9	第4屆北、高市長選舉
2008.1.13	第7屆立法委員選舉
2008.3.22	第12屆總統副總統選舉
2009.12.5	第16屆縣市長選舉
2010.11.27	第5屆直轄（北、高、新北、臺中、臺南）市長選舉
2012.1.14	第8屆立法委員選舉
2012.1.14	第13屆總統副總統選舉
2014.11.29	第6屆直轄市及第17屆縣市長選舉

5-1 飛彈下的總統

　　1996年的第9屆總統選舉，對於臺灣選舉史有重大意義。從1991年開啟的修憲，目標就是朝著「總統直選」而來，這次選舉完成了臺灣民主化最後一塊重要拼圖，而且選舉過程更是驚心動魄，在國民黨內「主流」與「非主流」的對決下，這次選舉不像以前在陽明山中山樓的行禮如儀，國民黨內兩組脫黨參選者，在街頭上與黨主席李登輝相互拉票，加上反對黨的首次投入，使得臺灣第一次的全民直接總統大選，相當熱鬧。

　　除了島內熱鬧滾滾外，國際也相當關心，不僅因為這是華人地區首次由民眾投票選出總統，更因為中共為了表達對於直選的反對，發動一連串演習，試圖影響選情。1996年3月8日，中共連續發射3顆飛彈對準基隆、高雄外海，最後更在投票日前後，3月18日至25日在福建平潭島進行三軍聯合

高雄外海

1996年總統大選前，中國發射兩顆飛彈試圖干擾此次選舉，引起全球關注。（王御風攝影）

演習，一連串的軍事動作，震驚國內，更引起全球注目，除我三軍進行戒備外，美國更派遣航空母艦小鷹號巡弋臺灣海峽，讓臺灣大選成為全世界注目焦點。

中華民國總統選舉，原依據憲法規定，由國民大會代表間接選出，在1994年，國民大會通過憲法增修條文第二條第一項，正式確立總統直接民選，因此1996年3月所舉行之中華民國第9任總統選舉，就是第一次實施「公民直選」之總統選舉，有其歷史性的意義。本次選舉共有四組人馬參選，依籤號順序為1號無黨籍陳履安、王清峰，2號國民黨提名李登輝、連戰，3號民進黨提名彭明敏、謝長廷，4號無黨籍林洋港、郝柏村，競爭相當激烈。

此四組候選人，除兩大政黨國民黨及民進黨分別推出候選人角逐外，尚有自行連署參選的林洋港、郝柏村及陳履安、王清峰兩組候選人。林洋

港、郝柏村、陳履安皆出自國民黨，陳履安宣布參選後隔天（1995年8月18日）即退出國民黨，林洋港、郝柏村則於1995年12月13日，國民黨中常會以其在立委選舉中為新黨站台助選為由開除黨籍。當時另一大黨新黨原希望整合林洋港及陳履安兩組候選人，但宣告失敗，後曾一度計畫推出候選人王建煊，最後則明確支持林洋港、郝柏村，王建煊並未參選，故林、郝雖以

緊張的兩岸局勢

1996年總統大選因飛彈事件備受關注，也造成兩岸軍事緊張。圖為馬祖前線士兵走過李登輝連戰競選看板前。（中央社提供）

無黨籍身份參選，卻與新黨關係密切。

選舉最後結果，國民黨提名的李登輝、連戰以5,813,699票獲得壓倒性勝利，以過半數的百分之54當選中華民國第9任總統、副總統。民進黨提名的彭明敏、謝長廷居次，票數為2,274,586票，兩組脫黨參選的人馬，得票依序為：林洋港、郝柏村1,603,790票，陳履安、王清峰1,070,044票。

實際上，當天除了總統大選外，還有第3屆國民大會代表選舉。由於修憲確立總統由全民直選後，以往國民大會代表最主要的任務：「選總統」不復存在，國民大會未來之前景亦不明，而第3屆立法委員剛於前一年（1995年）12月選舉完畢，多半政治菁英均選擇投入立委選戰。加上此次國民大會代表選舉與總統大選同一天舉行，全國焦點均聚集於總統大選，遂使得此次國民大會選舉較為冷清，角逐之候選人數亦不如第2屆，但每一選區均以國民黨、民進黨、新黨候選人為主，可見在搭配總統大選情形下，政黨對決氣氛更濃厚。

此次選出之國民大會代表，將決定國民大會何去何從，故候選人之政見亦圍繞於此。三大政黨的修憲主張，分別為：國民黨主張立委任期延長為4年、小選區、2票制；民進黨主張廢國大、採單一國會；新黨以「護憲救國」為主張，主張內閣制。選舉結果，全國共334席，國民黨獲得183席，雖過半，但無法如上屆超過4分之3修憲門檻。相對而言，主要在野黨民進黨與新黨則大幅進步，民進黨由上屆的66席增加到99席；首次參加國代選舉的新黨則一舉拿下46席，另一個首度參選的綠黨獲得1席，無黨籍則取得5席。由於修憲需有四分之三多數，故在野黨在本屆國民大會中影響力增強，但國民黨仍居主導地位。

選舉票樣張 總統民選後，開始出現多組競逐的情形，也讓臺灣的民主更加深化。（中選會提供）

1996年總統選舉各政黨得票數

說明：中國國民黨候選人全國共獲得5,813,699票，占54.02%、民主進步黨共獲得
2,274,586票，占21.14%、2組無黨籍候選人共獲得2,673,834票，占24.84%。

資料來源：中央選舉委員會，《第9任總統副總統暨第3屆國民大會代表選舉實錄》
（臺北：中央選舉委員會，1997年），頁986~987。王御風製圖。

1996年國民大會代表選舉之各政黨席次

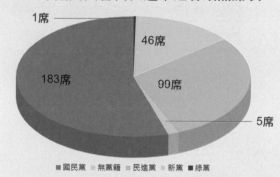

說明：中國國民黨當選183席，占54.79%、民主進步黨當選99席，占29.64%、新黨當選
46席，占13.77%、綠黨當選1席，占0.30%、無黨籍當選5席，占1.50%。

資料來源：中央選舉委員會，《第9任總統副總統暨第3屆國民大會代表選舉實錄》

5-2　民進黨的首次大勝

　　1996年的總統大選，國民黨在李登輝出馬下，贏得總統大選。但氣勢一直向上攀爬的民進黨步步進逼，在隔年11月29日舉行的第13屆縣市長選舉中，民進黨出人意表的大勝，在全台23縣市中，民進黨拿下了12席，國民黨僅拿下8席（其他3席為無黨籍），連總得票數民進黨以43%贏過國民黨的42%，這是民進黨創黨以來，首次在選舉中，不論席次、總得票數均超過國民黨，似乎也預告了三年後總統大選的勝利。

募款餐會

募款餐會是臺灣選舉的一大特色，選舉期間隨處可見。（王昭文攝影）

1997年縣市長當選名單

地區	當選人	黨籍	連任／新任	備註
基隆市	李進勇	民進黨	連任	
臺北縣	蘇貞昌	民進黨	新任	
宜蘭縣	劉守成	民進黨	連任	
桃園縣	呂秀蓮	民進黨	連任	
新竹市	蔡仁堅	民進黨	連任	
新竹縣	林光華	民進黨	連任	

苗栗縣	傅學鵬	無黨籍	連任	
臺中縣	廖永來	民進黨	連任	
臺中市	張溫鷹	民進黨	連任	
南投縣	彭百顯	無黨籍	連任	民進黨退黨
彰化縣	阮剛猛	國民黨	連任	
雲林縣	蘇文雄	國民黨	連任	
嘉義縣	李雅景	國民黨	連任	
嘉義市	張博雅	無黨籍	新任	
臺南縣	陳唐山	民進黨	連任	
臺南市	張燦鍙	民進黨	連任	
高雄縣	余政憲	民進黨	連任	
屏東縣	蘇嘉全	民進黨	連任	
澎湖縣	賴峰偉	國民黨	連任	
花蓮縣	王慶豐	國民黨	連任	
臺東縣	陳建年	國民黨	連任	
金門縣	陳水在	國民黨	連任	
連江縣	劉立群	國民黨	連任	

1997年縣市長各政黨席次

8席，35%　　12席，52%

3席，13%

■國民黨　■無黨籍　■民進黨

在這一次的選舉中，最受矚目的是臺北縣的選舉，民進黨推出曾任屏東縣長的政治明星蘇貞昌參選，其在屏東縣長任內政績斐然，但在連任時卻摔了一跤，許多人認為是受到司法案件影響，也使其北上擔任民進黨秘書長，建立全國聲望，1995年獲選臺北縣立法委員。原本民進黨內此次參選呼聲最高是立委盧修一，但其罹患癌症無法參選，改由蘇貞昌出馬。而國民黨則推出形象頗佳的勞委會主委謝深山，希望能光復這個已經被民進黨執政八年的主席李登輝故鄉。

由於前一任縣長尤清執政時常有爭議，使得蘇貞昌選情並未具有執政優勢，加上國民黨全力搶攻，兩者選情呈現膠著狀態，也吸引全國目光。選前一天（11月28日），盧修一出席晚會催票時，突然下跪向選民拜託，使得選情逆轉，蘇貞昌以571,658票小勝謝深山543,516票，讓民進黨繼續在臺北縣執政，加上基隆、宜蘭、桃園、新竹縣市，以及原已在臺北市執政的陳水扁，北臺灣呈現一片綠油油。再加上臺南以南四縣市（臺南市、臺南縣、高雄縣、屏東縣）也都是民進黨候選人當選，國民黨僅剩下中部的彰化縣及南部的雲林縣、嘉義縣，還有直轄市的高雄市長吳敦義，以及東臺灣及離島，臺灣西部的頭尾都是綠營天下。

在一片綠海中，主帥當然是臺北市長陳水扁，他的「寶島希望助選團」所到之處皆萬人空巷，選後評論更認為臺南市、臺中市與臺北縣的勝選，與其強力拉抬有關，國民黨內較可與其抗衡的，當屬剛被凍省的臺灣省長宋楚瑜，兩人的競爭，也一直維持到2004年。

蘇貞昌

蘇貞昌在臺北縣長一戰中獲勝，也帶動民進黨的大勝，圖為蘇貞昌（左二）為屏東縣長曹啓鴻及屏東市長候選人施錦芳助選（施錦芳提供）。

5-3 北高變天

1998年的選舉，對未來影響極為重大，此次選舉是第2屆的直轄市長、市議員及第4屆立委的選舉，原本應該要跟北高市長市議員一起競選的第2屆臺灣省省長及省議員，因為1997年的修憲凍省，使得民意頗高的省長宋楚瑜失去舞台，也讓省議員紛紛轉戰立法委員，迫使立法院擴編，並在國民大會、省議會均告消失後，正式成為「一院獨大」的中央民意代表機構。而步步進逼的民進黨，能否繼去年攻下地方各縣市後，一鼓作氣，在立院過半，也頗受關注。

但在選舉時，鎂光燈卻對立法委員選情興趣缺缺，焦點全集中於北高兩市市長。因為現任民進黨籍臺北市長陳水扁與國民黨籍高雄市長吳敦義任內風評均佳，挑戰者只能推出強棒。國民黨在臺北市由前法務部長馬英九出馬，民進黨在高雄市則由黨內另一個政治明星謝長廷角逐。堪稱天王級的政治明星捉對廝殺，也變成這場選戰最受矚目之處。

謝長廷

謝長廷在驚濤駭浪中擊敗吳敦義，開啓了民進黨在高雄市的長期執政，圖為謝長廷與前高雄市長許水德合影。（王御風攝影）

在一般預測中，因為陳水扁及吳敦義施政滿意度均高，應該會安穩過關，尤其是吳敦義選前民調高於對手謝長廷甚多，但沒想到開票結果，兩位現任者均中箭落馬，挑戰者馬英九及謝長廷逆轉獲勝，北高因此變天，甚至奠定國民黨在臺北市、民進黨在高雄市長期執政的基礎。

1998年北高市長當選人

地區	當選人	黨籍	連任／新任	備註
臺北市	馬英九	國民黨	新任	
高雄市	謝長廷	民進黨	新任	

製表：王御風

被忽略的立委選戰其實也相當重要，尤其是剛在上一場選舉獲勝的民主進步黨，挾其餘威高額提名，希望能突破國民黨在立法院獨大的局勢，加上本屆是省議員轉戰立法院的特殊時期，雖然當選席次也由原先164人席（第3屆立法委員）增至225人，但參選人數仍大量爆炸。然而省議員原本就以國民黨居多，加上在地方長期耕耘，使得轉戰的省議員有將近八成當

1998年立法委員選舉各政黨席次與比率

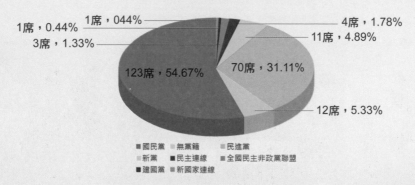

說明：中國國民黨當選123席，占54.67%、民主進步黨當選70席，占31.11%、新黨當選11席，占4.89%、民主連線當選4席，占1.78%、全國民主非政黨聯盟當選3席，占1.33%、建國黨及新國家連線各當選1席，占0.44%、無黨籍當選12席，占5.33%。

資料來源：中央選舉委員會編印，《第4屆立法委員選舉實錄》，頁532。製圖：王御風

選，高達46席，幾乎是立院的五分之一席次，這讓國民黨在立院又注入新血，而新黨旋風也逐步退燒，使得國民黨一掃去年的敗績，成為本次選舉的大贏家，但也讓立法院更進一步「本土化」，原本中央／地方的二重體制已不存在。

最後選舉結果，在立法院總席次225席中，國民黨囊括123席，占54.67%，穩穩過半；民進黨則獲得70席，僅占31.11%，與上屆相比，並無成長；新黨席次則下降為11席，占4.89%，上屆的新黨旋風不再；新政黨民主連線贏得4席、全國民主非政黨聯盟獲得3席、建國黨及新國家連線各獲1席，加上無黨籍共奪得12席。中國國民黨繼續掌控立法院。

BOX ｜凍省的過程｜ *The Story of Taiwan*

在總統直選後，修憲的下一個步驟是「凍省」，將版圖幾乎與全國相等的臺灣省凍結。1997年5月5日，第3屆國民大會第二次會議召開，會中通過修正憲法增修條文，其中包括精簡省級政府組織，將省政府改為委員制，省議會改為省諮議會，省府委員及諮議員均由行政院長提請總統任命，不再選舉。為因應省議員的裁撤，同時也通過立法委員由原先164人（第3屆立法委員）增加至225人。

凍省的結果除了讓大批省議員進入立法院外，更重要的是臺灣省省長宋楚瑜失去政治舞台，也種下他在2000年脫黨參選的導火線。

臺灣省議會

凍省後，不僅省長消失，省議員也轉換跑道，紛紛轉進立法院。（林雪攝影）

5-4 藍天變綠地

2000年總統大選對臺灣政治有極大影響，這是臺灣首次透過選舉完成「政權轉移」，執政黨由國民黨轉變成民進黨，在未經流血衝突情形下，政權和平轉移，也象徵臺灣在長達半世紀的選舉試煉後，民主素養的成熟。

本次為中華民國第10屆總統大選，於2000年3月18日舉行，共有5組人馬參選，依籤號順序為1號宋楚瑜、張昭雄（無黨籍）、2號連戰、蕭萬長（國民黨）、3號李敖、馮滬祥（新黨）、4號許信良、朱惠良（無黨籍）、5號陳水扁、呂秀蓮（民進黨）。競爭相當激烈，除了三組由政黨提名外，另有兩組為自行參選。

依據總統、副總統候選人產生辦法，總統、副總統除政黨推薦外，亦可透過公民連署參選，此次需獲得224,429人以上連署，方能參選。此次申請被連署者，計有章強與梁燧成、宋楚瑜與張昭雄、鄭邦鎮與黃玉炎、許信良與朱惠良、賴正義與李祖杰、邵建興與彭勝遙等6組，最後僅有宋楚瑜與張昭雄及許信良與朱惠良兩組達到參選標準。

這兩組參選人均大有來頭，分別從國民黨及民進黨脫黨。宋楚瑜在擔任臺灣省主席期間，全台跑透透，政績頗受好評，就算精省後卸下臺灣省主席一職，人氣依然不墜，但無法獲得黨內關愛眼神，遂於1999年7月16日宣布自行參選，現任副總統連戰也於7月31日宣布參選，8月29日在國民黨15全會通過提

陳水扁

2000年總統大選，民進黨陳水扁呂秀蓮獲勝，首度政黨輪替（中央社提供）

名。

民進黨內，在政治明星陳水扁於1998年臺北市長連任選戰中意外落敗後，同樣人氣居高不下，但受限於黨內規定，無法投身總統大選，最後民進黨為使其能參選而修改黨章，此舉引起有意參選之前民進黨主席許信良不滿，遂於1999年5月7日宣布脫黨參選，而陳水扁也於5月27日宣布接受民進黨推薦參選，並在7月10日民進黨臨時全國黨代表大會中獲得提名。

五組人馬廝殺，位於領先集團的是宋楚瑜、連戰及陳水扁，其中又以宋楚瑜一馬當先，直到本次選舉最大變數的「興票案」發生。所謂的興票，就是中興票券（今兆豐票券），1999年12月9日，國民黨不分區立委楊吉雄召開記者會，指宋楚瑜之子宋鎮遠從1992年起，在中興票券內有大筆資金，宋楚瑜第一時間無法說清楚，後表示這是奉主席李登輝指示所開帳戶，用於照顧蔣家後代及黨政運作，但李登輝隨即表示宋楚瑜是侵佔國民黨黨庫公款，並提出訴訟，後雖經司法判決不起訴，但已對選情產生重大衝擊。

「興票案」發生後，宋楚瑜聲勢開始下滑，在同出於國民黨的宋楚瑜及連戰票源瓜分下，陳水扁因掌握民進黨基本票源脫穎而出，最後總得

紀念商品

阿扁商品是選舉商品中最為經典的產品（王昭文攝影）

連戰

2000年，國民黨籍候選人連戰、蕭萬長因藍營分裂，首次在總統大選落敗。（邱微樺攝影）

票為陳水扁4,977,697票、宋楚瑜4,664,972票、連戰2,925,513票。陳水扁雖僅以31萬票險勝，但藍天已變綠地。

而此次選舉結果由民進黨獲勝，為實施總統副總統選舉以來，國民黨首次落敗，也是中華民國首次的政權輪替。

另一個對臺灣政治版圖影響較大是此次選舉完畢後，臺灣又多了兩個主要政黨：親民黨及台灣團結聯盟。前者是由高票落選的宋楚瑜先生在選後不久組成（2000年3月31日），由其擔任黨主席。後者則是在國民黨失去政權後，前主席李登輝在大批國民黨支持者抗議下退出國民黨後，於2001年立委大選前（2001年8月12日）所主導成立，由前內政部長黃主文擔任首任黨主席，2001年的立委選舉，也是兩黨初試啼聲。

宋楚瑜紀念品

2000年總統大選，除了陳水扁外，宋楚瑜也推出相關紀念品。（李嘉祥提供）

2000年總統選舉各政黨得票數

16,782票，0.13%

2,925,513票，23.1%

4,977,697票，39.3%

4,744,401票，37.46%

■國民黨　■無黨籍　■民進黨　■新黨

說明：民主進步黨全國共獲得4,977,697票，占39.30%、兩組無黨籍候選人獲得4,744,401票（宋楚瑜、張昭雄4,664,972票，許信良、朱惠良獲得79,429票），占37.46%、中國國民黨獲得2,925,513票，占23.10%、新黨候選人獲得16,782票，占0.13%。

資料來源：中央選舉委員會，《第10任總統副總統選舉實錄》（臺北：中央選舉委員會，2000年），頁139。製圖：王御風

5-5 三黨不過半

這次選舉，是新世紀的第一次立委與縣市長大選，不僅是陳水扁執政後的第一次民意測試，也是親民黨與台聯首度加入戰局。結果執政的民進黨「贏了中央、輸了地方」，在立法院成為國會第一大黨，但在地方則與國民黨打成平手，各取九席，被大家視為常態的「南綠北藍」，其實是從這次才開始確立。

民進黨雖然成為國會第一大黨，卻未過半，因為第一次參選的親民黨展現實力，一舉囊括五分之一的席次（46席），成為國會第三大黨，也讓「三黨不過半」終於成真。而此次選舉也冒出許多政治新星，如朱立倫、胡志強都首次當選縣市長，國民黨的「馬立強」連線也從此時開始。

本次立法委員選舉為2000年民進黨贏得總統大選，政黨輪替後首次中央級民意代表選舉，與第14屆縣市長合併於2001年12月10日舉行。上屆立法院原由國民黨掌握過半的絕對優勢，2000年總統大選結束後，國民黨不僅失去中央的執政權，出身於國民黨之無黨籍總統候選人宋楚瑜成立親民黨，吸收許多原國民黨籍之政治菁英，因此國民黨能否繼續成為立法院第一大黨，甚至掌握過半優勢，是此次選舉的注目焦點。此外，民主進步黨能否趁勝追擊，成為立法院最大黨，以及初試啼聲的親民黨能拿下幾席，也攸關政治版圖的變動。

除了民進黨、國民黨及親民黨，還有選前成立的台灣團結聯盟，以及原來的新黨、建國黨等政黨，競爭激烈，呈現空前熱鬧的爆炸性參選，全國共有458人登記角逐176席的區域、原住民立委，當選率僅百分之38.4，創歷年來最低紀錄，選舉結果，民進黨果然挾執政優勢，在立院225席中，以87席奪下立院最大黨，中國國民黨則首次以68席居次，可說是空前挫敗，兩個新政黨：親民黨與台灣團結聯盟分別獲得46席及13席，展現其影響力，新黨則在親民黨加入後快速消退，僅剩下1席，台灣吾黨也拿下1席，無黨籍則有9席當選。

但民進黨雖然成為國會最大黨，然而加上盟友台聯也僅100席，無法過半，反而是國民黨加上

王金平

王金平是立法院任期最久的院長，是臺灣極為重要之歷史人物。（王御風攝影）

親民黨即可剛好過半（114席），這也使得民進黨的國會最大黨只是脆弱的勝利，在立法院長選舉中，民進黨即衡量現實，放棄競選，讓連任的國民黨王金平反而以96.6%，創下歷史紀錄的高得票率連任立法院長。而重兵部署的副院長，經過兩輪投票，依然不敵國民黨的江丙坤。

但在縣市長方面，從帳面上看，國民黨雖從上一屆的8席，僅小幅成長為9席，而民進黨則從原

有的12席也小降為9席，但國民黨在桃園縣朱立倫、臺中市胡志強帶領下，在基隆市、新竹市、新竹縣、臺中縣都從現任民進黨縣市長手上搶回執政權，等於是有6個縣市被國民黨「光復」，意義相當重大，加上親民黨及新黨拿下3席，這次可說是泛藍陣營的獲勝，但一般較重視立委選情，因此這次的勝利，並未為國民黨帶來太多喜悅。

從政治版圖上來看，臺灣逐漸成為「北藍南綠」，民進黨在臺中以北僅剩下臺北縣蘇貞昌以5萬多票小勝泛藍共同推選的王建煊及民進黨長期執政的宜蘭，這個趨勢在隔年的北高市長選舉更為明顯。

2001年立法委員選舉各政黨席次

1席，0.4%　9席，4%　68席，30%　1席，0.4%　13席，6%　46席，20%　87席，40%

■國民黨　■民進黨　■親民黨　■台聯
■台灣吾黨　■新黨　■無黨籍

說明：民主進步黨當選87席，佔總席次40%、中國國民黨當選68席，佔總席次30%、親民黨當選46席，佔總席次20%、台灣團結聯盟當選13席，佔總席次6%、新黨及台灣吾黨均當選1席，不足總席次1%、無黨籍當選9席，佔總席次4%。

資料來源：中央選舉委員會編印，《第5屆立法委員選舉選舉實錄》，頁459。

2001年縣市長各政黨席次

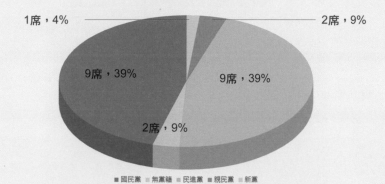

1席，4%　　　　　　　　　　　　　　2席，9%

9席，39%　　　　　　　9席，39%

2席，9%

■ 國民黨　■ 無黨籍　■ 民進黨　■ 親民黨　■ 新黨

2001年縣市長當選者名單

地區	當選人	黨籍	連任／新任
基隆市	許財利	國民黨	新任
臺北縣	蘇貞昌	民進黨	連任
宜蘭縣	劉守成	民進黨	連任
桃園縣	朱立倫	國民黨	新任
新竹市	林政則	國民黨	新任
新竹縣	鄭永金	國民黨	新任
苗栗縣	傅學鵬	無黨籍	連任
臺中縣	黃仲生	國民黨	新任
臺中市	胡志強	國民黨	新任
南投縣	林宗男	民進黨	新任
彰化縣	翁金珠	民進黨	新任
雲林縣	張榮味	國民黨	新任
嘉義市	陳麗貞	無黨籍	新任
嘉義縣	陳明文	民進黨	新任
臺南縣	蘇煥智	民進黨	新任
臺南市	許添財	民進黨	新任
高雄縣	楊秋興	民進黨	新任
屏東縣	蘇嘉全	民進黨	連任
澎湖縣	賴峰偉	國民黨	連任
花蓮縣	張福興	國民黨	新任
臺東縣	徐慶元	親民黨	新任
金門縣	李炷烽	新黨	新任
連江縣	陳雪生	親民黨	新任

5-6 北藍南綠的確立

　　與上一屆（1998年）的選舉相比，本屆於2002年12月7日舉行的北高市長選舉則沒有太多意外，兩位執政獲得好評的現任市長，均順利連任，如果從大趨勢來看，北藍南綠更加確認。

　　臺北市在此次選舉建立此地為「北藍」大本營。國民黨籍市長馬英九大勝民進黨候選人李應元38萬票，李應元僅囊括35.9%的選票。而在市議員部分，雖然「各黨不過半」，但國民黨是議會第一大黨（20席），加上親民黨（8席）及新黨（5席），不僅實質過半（總席次52席，尚有2席為無黨籍），且幾乎為民進黨（17席）的兩倍（台聯沒有人當選）。

　　此戰過後，泛綠對於臺北市選戰都興趣不大。

　　而在高雄市，雖然泛綠也獲得勝利，漸漸將此地鞏固為「南綠」的中心，但在市長選戰中，民進黨籍市長謝長廷僅小勝國民黨候選人黃俊英2萬4千票，而在市議員部分（總席次44席），民進黨雖然首次成為議會第一大黨（14席），但同屬「泛綠」陣營的台灣團結聯盟僅獲2席，而「泛藍」的國民黨獲得12席、親民黨有7席，加上無黨籍9席也多與藍營交好，使得民進黨在高雄市，雖然開始扭轉了以往國民黨為主的政治生態，但優勢並不大。

　　此次選舉最大事件，卻是緊接而來的高雄市議會議長選舉，此次選舉選前賄選傳聞不斷，民進黨黨團也決定支持要爭取議長寶座的無黨籍朱安雄，以換取副議長，但在輿論一片責難聲中，最後由總統陳水扁親自坐鎮民進黨中常會撤銷此決議，迫使黨團改推高宗英與張

謝長廷勝選

2002年選戰，謝長廷連任成功，確立南綠的政治趨勢。
（梁學渡攝影）

2002年北高市長當選人

地區	當選人	黨籍	連任／新任	備註
臺北市	馬英九	國民黨	新任	
高雄市	謝長廷	民進黨	新任	

製表：王御風

高雄市議會

高雄市議會因議長賄選案，產生臺灣民主史上最大規模市議員補選。（徐乙仁攝影）

清泉搭擋參選，而國民黨與親民黨採開放態度，台聯則決定投自己。

儘管備受關注，但2002年12月25日投票時，朱安雄仍以25票當選，輿論一陣譁然，並點名除了無黨籍9票，國民黨10席中有8票、親民黨8席中有7票投給朱安雄，檢調也開始進行搜索，證實朱安雄以一票五百萬代價行賄，共有17位議員

因此案判刑喪失議員資格，依規定需在缺額過半的第二、三、四、五及原住民選區進行改選，加上第三選區的民進黨李昆澤因轉戰立委請辭，於是在2004年7月17日進行18席的補選，這也是臺灣選舉史上規模最大的補選，選舉結果，泛綠獲得較多席次，在議會力量較改選前更大。

泛綠

綠色是民進黨的代表色，因此通常以泛綠代表與民進黨理念較相同的政黨。（王昭文提供）

BOX 5｜泛藍與泛綠 *The Story of Taiwan*

2000年總統大選後，臺灣政治版圖因親民黨及台聯的成立，分成兩大陣營。親民黨與原先即已存在的新黨，均源自於國民黨，理念較為相同，在議會及選舉中也常會進行合作，而國民黨的代表顏色為藍色，故這三黨被稱為「泛藍」，而台聯與民進黨理念相近，則以民進黨的綠色稱呼其為「泛綠」。

5-7 泛藍聯軍的挫敗及固守

2004年共有兩場選舉，均是臺灣選舉史上的經典。3月舉行的總統大選，在「公投綁大選」、「319槍擊案」的爭議中，民進黨陳水扁以不到百分之一的極小差距擊敗選前整合成功的連戰、宋楚瑜泛藍聯軍，這也讓敗選的連戰提出「選舉無效」訴訟，藍軍支持者並在總統府前凱達格蘭大道不肯離去，讓藍綠對立更加深。而年底的立委選舉，民進黨希望能趁勝追擊，在立法院過半，但最後泛藍聯軍仍掌握過半數，穩固了泛藍聯軍的基礎。

2004年3月20日舉行的中華民國第11任總統選舉，與首次舉辦的「公民投票」合併舉行。本屆選舉是實施總統直選後，參選人數最少者，僅有民主進步黨提名之陳水扁、呂秀蓮，及中國國民黨與親民黨聯合提名的連戰、宋楚瑜兩組人馬參選，但人數雖少，競爭卻為歷屆之冠。

這兩組候選人還有另一個特色，皆曾參與上次總統大選。民進黨的陳水扁、呂秀蓮在上次大選中脫穎而出，此次爭取連任。另一組候選人連戰、宋楚瑜，在上次大選時，連戰由中國國民黨提名參選總統，宋楚瑜則代表無黨籍參選總統，兩人均落敗，後宋楚瑜籌組政黨「親民黨」，並出任主席，與中國國民黨、民主進步黨鼎足而三。

2002年底北、高兩直轄市市長、市議員選舉完畢後，「泛藍」、「泛綠」模式已成形，而且從數據看來，以國民黨及親民黨為主體的「泛藍」大於民進黨挑大樑的「泛綠」，因此國民黨與親民黨開始討論總統大選中合作事宜，2003年2月14日兩黨會商後宣示以政黨聯盟模式合作，連宋搭檔角逐總統大選，以連正宋副方式搭配角逐，這組搭檔甫宣布時，民調高於50%，頗有勝券在握的氣勢。

但民進黨陳水扁善於選舉操作，先是推出公投議題，原本在野陣營不願通過的公投法，直到2003年12月有條件通過，使得公投成為本次選戰焦點。除此之外，雙方陣營在選前都推出全國性的造勢，如2004年2月28日的「手護臺灣」、3月13日的「換總統、救臺灣」等活動，提升選戰溫度。2004年3月

19日，投票日前一天，更發生陳水扁、呂秀蓮在臺南市拜票時，被不明人士槍擊受傷，此為中華民國首次正副元首遭槍擊事件，又在大選前一日，所幸兩人無礙，隔天投票如期舉行，但對選後發展投下變數。

本次選舉結果陳水扁、呂秀蓮獲得6,471,970票、2號連戰、宋楚瑜獲得6,442,452票。陳水扁、呂秀蓮當選中華民國第11任總統、副總統，但兩者僅相差0.22%，不到三萬票，差距之小為歷屆之冠。

由於選舉差距過小，又極富爭議，選後連宋認為選舉過程有所問題，故提出選舉無效之訴，並要求查封所有票箱，連宋支持者也在總統府前抗議，泛藍陣營更組成「真相調查委員會」，調查319槍擊案，這都使得藍綠間的對立越發激烈，在選後仍未平復。

二二八牽手護臺灣

除了公投外，2004總統大選兩陣營均舉辦眾多活動，圖為民進黨的二二八牽手護臺灣。（陳詔仰提供）

319槍擊案發生地點

三一九槍擊事件發生於2004年3月19日下午，總統陳水扁和副總統呂秀蓮的競選車隊行經臺南市金華路三段時，遭遇槍擊。（李嘉祥攝影）

2004年總統選舉各政黨得票數

6,442,452票，
49.89%

6,471,970票，
50.11%

■國民黨 ■民進黨

說明：民主進步黨候選人全國共獲得6,471,970票，占50.11%、中國國
民黨候選人獲得6,442,452票，占49.86%。

資料來源：中央選舉委員會編印，《第11任總統副總統選舉實錄》
（臺北：中央選舉委員會，2004年），頁150。製圖：王
御風。

此次總統大選對民進黨最大
意義是首次在全國性一對一選戰獲
勝，證明他們有突破50%的能力，
若能一鼓作氣，在年底的立委選戰
中過半，將可順利掌握國會。因而
年底的立委選戰，呈現「主攻」的
民進黨對上「主守」的泛藍陣營，
善打選戰的陳水扁，提出要國會過
半修憲的議題，配合高額提名，希
望能一舉打倒泛藍陣營。

面對來勢洶洶的民進黨，泛藍
陣營則是保守以對，大打安全牌，
以臺中縣選情為例，原本有4席立
委的國民黨僅提名5席，原有1席的
親民黨更僅提名尋求連任者，而民

進黨原有2席卻提名6席，原本沒有
立委席次的台聯也提名2席，可見
雙方策略的差異。

大選結果，民進黨雖能維持
國會第1大黨，取得89席，但僅較
上次多2席，而泛綠盟軍台聯的12
席，比起上屆還倒退1席，使得泛
綠整體維持平盤。此次最大贏家是
國民黨，獲得79席，比起上屆成長
11席，而親民黨拿下34席，比起上
次退步12席，加上新黨維持1席，
「泛藍」的國親新3黨以114席，超
過總席次225席之半，讓泛綠掌握
國會夢想隨之破滅。

整體而言，經過2004年的選

舉，上次崛起的親民黨及台聯氣勢有點削弱，又回到國民黨與民進黨對決的老戲碼，但民進黨雖然登上高峰，但也開始走下坡，從年底立委看來，國民黨似乎慢慢回穩。

2004年立法委員選舉各政黨席次

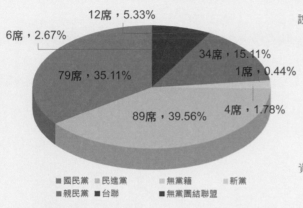

12席，5.33%
6席，2.67%
34席，15.11%
79席，35.11%
1席，0.44%
89席，39.56%
4席，1.78%

■國民黨 ■民進黨 ■無黨籍 ■新黨
■親民黨 ■台聯 ■無黨團結聯盟

說明：民主進步黨當選89席，占總席次39.56%、中國國民黨當選79席，占總席次35.11%、親民黨當選34席，占總席次15.11%、台灣團結聯盟當選12席，占總席次5.33%、無黨團結聯盟當選6席、占總席次2.67%、新黨當選1席，占總席次0.44%、無黨籍當選4席，占總席次1.78%。

資料來源：中央選舉委員會編印，《第6屆立法委員選舉實錄》（臺北：中央選舉委員會，2005年），頁228~229。製圖：王御風。

選舉史小百科

臺灣的公投

此次選舉中，除「319槍擊案」外，最大爭議就是「公投綁大選」，總統陳水扁在此次力推公投法，但在野陣營卻怕會衍生成「統獨公投」，因此在公民投票法第30條規定：「公民投票案投票結果，投票人數達全國、直轄市、縣（市）投票權人總數二分之一以上，且有效投票數超過二分之一同意者，即為通過。投票人數不足前項規定數額或未有有效投票數超過二分之一同意，均為否決。」換句話說，公投法通過第一個要素就是要超過投票人數的一半，這其實是極高門檻，只要大家不去投，就算贊成者佔多數，也毫無用處，也使得公投法推出至今，仍未有法案通過，被譏為「鳥籠公投」。但首次公投提出的「撤飛彈」、「與中共和談」議題，似乎也非公投能決定，讓「公投綁大選」的爭議不斷，臺灣的公投就在此情形下，呈現畸形的發展。

補正公投法

臺灣公投仍有許多問題，因此有公民團體發起補正公投法的連署。（蔡博任攝影）

5-8 馬英九時代的來臨

2005年有兩場選舉，站在中華民國政治發展史的角度來看，5月舉行的任務型國代選舉，是國民大會代表最後一次選舉，也是與國民大會說再見的告別式，有其歷史意義。但站在政治版圖的變動上，年底的縣市長選舉，則是民進黨從1997年第13屆縣市長選舉後最大挫折，而這也是臺北市長馬英九在2005年7月接任中國國民黨黨主席第一次的選舉，預告了陳水扁時代的結束，馬英九時代的到來。

2000年4月24日，國民大會通過修憲案，將國民大會轉型為「任務型國大」，依規定日後修憲改由立法院啟動，再依政黨比例代表制選出「任務型國代」表決，因此在2004年8月26日立法院通過首次修憲時，就必須依據規定，在公告半年後三個月內召開任務型國大進行複決，亦即於2005年5月26日前完成任務型國大之選舉，後中央選舉委員會決定於2005年5月14日投票。

此次修憲有三大重點：一是廢除任務型國大，日後立法院所提憲法修正案，改由公民投票複決。二、總統副總統彈劾，改由司法院大法官處理。三、立法委員自第7屆起，自現行225席減為113席，任期由3年改為4年，並採單1選區2票制。

因此此次選舉關係重大，不僅國民大會一鞠躬下台、立法院也將「席次減半」，修憲如通過，此次任務型國大選舉將是首次，也是最後一次舉行。而任務型國代，選舉對象為政黨而非個人，各政黨僅能就「贊同」及「反對」立院修憲結果表達看法，不見各政黨之差異性，而國內兩大政黨：中國國民黨及民主進步黨均對立院修憲結果「贊同」，其餘贊同者尚有公民黨、農民黨、中國民眾黨，共5政黨；主要「反對」者是因實施單一選區兩票制會受到衝擊的台灣團結聯盟、親民黨、無黨團結聯盟、新黨、建國黨、張亞中等150人聯盟、王廷興等20人聯盟共七政黨、聯盟。由於這種選舉方式讓民眾「霧煞煞」，且缺乏對抗性，使得此次選舉相當冷，投票率僅23.36%，創下歷史新低。

選舉結果由主張贊成修憲的政黨獲勝，贊成修憲案的五政黨共獲得249席，得票率83.1％，其中民進黨獲得127席，是最大贏家，國民黨117席居次。反對修憲案的陣營分別為台聯、親民黨、無黨團結聯盟、建國黨、新黨、王廷興等20人聯盟、張亞中等150人聯盟，共

獲51席，得票率19.6％。

這次「自廢武功」的國大選舉雖然選情冷，但影響深遠。立法院席次減半、採行單一選舉兩票制，讓小型政黨的生存更為困難，也讓臺灣政黨更邁向民進黨、國民黨兩大黨主宰的時代。

2005年國民大會代表選舉各政黨席次與比率圓餅圖

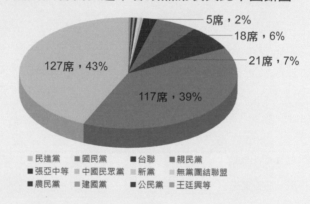

圖例：■ 民進黨　■ 國民黨　■ 台聯　■ 親民黨　■ 張亞中等　■ 中國民眾黨　■ 新黨　■ 無黨團結聯盟　■ 農民黨　■ 建國黨　■ 公民黨　■ 王廷興等

說明：因參選政黨聯盟眾多，5席以下不列於圖。5席以上為：民主進步黨當選127席，佔43％、中國國民黨當選117席，佔39％、台灣團結聯盟當選21席，佔7％、親民黨當選18席，佔6％、張亞中等150人聯盟當選5席，佔2％。

資料來源：中央選舉委員會，《國民大會代表選舉實錄》，頁124～125。

高雄捷運

高雄捷運泰勞事件重創民進黨，也讓國民黨在縣市長大選中大勝。（何彥廷攝影）

民進黨在任務型國代選舉中，持續維持第一大黨的地位，但這多少也與泛藍陣營分裂為國民黨及親民黨有關。2005年7月國民黨首次選舉黨主席，臺北市長馬英九擊敗立法院長王金平，高票當選，2005年8月高雄捷運爆發泰勞暴動，前總統府秘書長陳哲男被指控接受廠商招待出國（後判無罪），引起輿論譁然，陳哲男及勞委會主委陳菊、代理高雄市長陳其邁相繼請辭。這起事件重創民進黨，尤其在年底縣市長選舉展現無疑。

此次選舉為第15屆縣市長選舉，於2005年12月3日舉行，在上屆選舉後，民進黨在臺中以北，僅剩下臺北縣及宜蘭縣，在被視為龍頭的臺北縣，民進黨此次推出陳水扁子弟兵羅文嘉，卻慘敗給國民黨候選人立法委員周錫瑋近20萬票，創下藍綠對決在臺北縣差距最高的

紀錄。民進黨在宜蘭縣推出老縣長陳定南，也不敵國民黨的呂國華。加上民進黨在中部原有的據點：南投縣與彰化縣，民進黨也雙雙慘敗，使得「北藍南綠」更加確認，且藍色版圖一直擴張至濁水溪畔，民進黨僅剩下雲林縣、嘉義縣、臺南縣市、高雄縣、屏東縣共六縣市，比起上一屆還退步3席。而原本一直為無黨籍張家班勢力的嘉義市，也由國民黨黃敏惠奪下，國民黨總共拿下14席，比起上一屆大幅成長5席，是本次選舉最大贏家。

這次選舉可說與1997年第13屆縣市長選舉相同，是個極為關鍵的選戰，尤其這是馬英九擔任國民黨主席的第一戰，就開出紅盤，從此之後，國民黨在馬英九帶領下，昂首向上，臺灣政治從此揮別「陳水扁時代」而進入「馬英九時代」。

馬英九

馬英九接任國民黨主席後，帶領國民黨在縣市長選舉大勝，也象徵馬英九時代的來臨。（Discovery頻道提供）

2005年縣市長當選者名單

地區	當選人	黨籍	連任／新任	備註
基隆市	許財利	國民黨	連任	
臺北縣	周錫瑋	國民黨	新任	
宜蘭縣	呂國華	國民黨	新任	
桃園縣	朱立倫	國民黨	連任	
新竹市	林政則	國民黨	連任	
新竹縣	鄭永金	國民黨	連任	
苗栗縣	劉政鴻	國民黨	新任	
臺中縣	黃仲生	國民黨	連任	
臺中市	胡志強	國民黨	連任	
南投縣	李朝卿	國民黨	新任	
彰化縣	卓伯源	國民黨	新任	
雲林縣	蘇治芬	民進黨	新任	
嘉義市	黃敏惠	國民黨	新任	
嘉義縣	陳明文	民進黨	連任	
臺南縣	蘇煥智	民進黨	連任	
臺南市	許添財	民進黨	連任	
高雄縣	楊秋興	民進黨	連任	
屏東縣	曹啟鴻	民進黨	新任	
澎湖縣	王乾發	國民黨	新任	
花蓮縣	謝深山	國民黨	新任	
臺東縣	吳俊立	無黨籍	新任	
金門縣	李炷烽	新黨	連任	
連江縣	陳雪生	親民黨	連任	

2005年中華民國縣市長各政黨席次分布圖

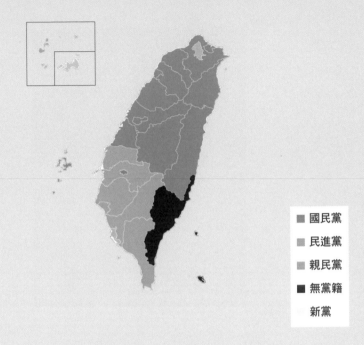

■ 國民黨
■ 民進黨
■ 親民黨
■ 無黨籍
　 新黨

2005年縣市長各政黨席次

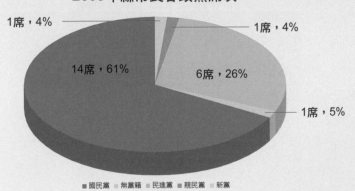

1席，4%

14席，61%

1席，4%

6席，26%

1席，5%

■國民黨　■無黨籍　■民進黨　■親民黨　■新黨

5-9　綠軍堅守灘頭堡

　　2006年12月9日，第4屆北高市長選舉結果出爐，一如4年前，仍維持「北藍南綠」的局面，臺北市長由國民黨提名的郝龍斌獲勝、高雄市長由民進黨提名的陳菊勝出。但2006年總統陳水扁的第一家庭陷入一連串弊案，因此而起的「紅衫軍運動」，獲得許多民眾支持，並在凱達格蘭大道等地發起大規模遊行，在此動盪情形下，國民黨未能一鼓作氣奪下「南綠」的重要門戶，也讓民進黨仍穩住其基本盤。

　　2006年，總統陳水扁第一家庭爆發許多弊案，包括女婿趙建銘的台開內線交易案、第一夫人吳淑珍的SOGO禮券案、涉及陳水扁本人的國務機要費案，重創民進黨形象，6月間國民黨立委也提出總統罷免案，8月起，民進黨前主席施明德發起「百萬人民反貪倒扁」運動，從9月起展開一連串遊行，先是臺北的「螢光圍城」，後來的「環島遍地開花」、最後在10月10

紅衫軍

因陳水扁家族操守問題，引發紅衫軍在「天下圍攻」遊行，也讓民進黨氣勢大跌。
（中央社提供）

日的國慶大典發起「天下圍攻」。
這都使得民進黨支持度大幅下滑，
選前多半對民進黨選情不表樂觀。

　　在此情形下，民進黨甚至無
人願意出征臺北市，最後由2006年
卸任的行政院長謝長廷披掛上陣，

國民黨則是由原為新黨的郝龍斌出
征，除了兩黨參選人外，親民黨主
席宋楚瑜也親自出馬，加上代表
台聯的周玉蔻、無黨籍的李
敖、柯賜海，共有6人參選，
最後郝龍斌毫無意外的以
692,085票獲勝，但原先預估

郝龍斌

2006臺北市長選舉，郝龍斌勝
出，延續藍軍在臺北的優勢。
（中央社提供）

會大敗的民進黨，謝長廷則也奪下525,869票，不僅穩住民進黨基本盤，還較上次成長，也使其有機會代表民進黨參選2008年總統。至於親民黨宋楚瑜，僅得到53,281票，說明親民黨旋風已過。

在高雄市部分，原本是由民進黨佔上風。前高雄市長謝長廷於2005年入閣擔任行政院長後，代理市長陳其邁是黨內屬意的接班人選，但在高捷事件後下台，接任的代理市長葉菊蘭雖獲得不錯評價，但其無意參選，後由經營許久的前勞委會主委陳菊出線。國民黨部分則原本乏人問津，但在國務機要費、紅衫軍之後，情勢大好，有意參選者眾，最後由上次競選市長時以些微票數落敗的黃俊英出馬挑戰，加上台聯羅志明、保護臺灣大聯盟林志昇及無黨籍林景元，共五人參選。

陳菊與黃俊英纏鬥到最後，陳菊才以1,114票（0.17%）的些微差距獲勝（陳菊379,417票、黃俊英378,303票），由於選前最後一晚，陳菊陣營指控黃俊英陣營發放走路工，黃俊英認為這是影響選舉的關鍵，提起選舉無效之訴，後經一年多的訴訟，法院駁回，陳菊當選有效，也是高雄市首位女性市長。

此次選舉，國民黨在情勢大好下，依然未能攻下民進黨南部的重鎮，民進黨被認為是小勝。而此次選舉中，親民黨與台聯幾乎無法發揮任何影響力，也說明2000年後多黨林立的情形逐漸退燒，臺灣政治版圖又重回國民黨及民進黨兩黨政治，而從長期趨勢看來，國民黨更是走往獨大的路上。

2006年北高市長當選人

地區	當選人	黨籍	連任／新任	備註
臺北市	郝龍斌	國民黨	新任	
高雄市	陳菊	民進黨	新任	

製表：王御風

5-10 二次政黨輪替

　　2008年的立委及總統大選，實際上在2005年縣市長選舉完後就已大勢底定，尤其是陳水扁第二任任期內連連爆發的弊案，使得民進黨聲勢大幅下降，雖然在2006年的北高市長中，國民黨無法攻下高雄市，但民進黨也只能以微小差距固守濁水溪以南。在2008年的兩次選舉中，依舊維持此趨勢，1月的立委選舉在適合大黨的新選制（單一選區兩票制）情形下，國民黨囊括三分之二以上席次，3月的總統大選，馬英九更是狂勝221萬票，登上總統寶座，國民黨獨大時代來臨。

　　2008年的立委選舉，根據2005年修憲結果採用新制，以往選舉是在單一選區中可當選多位候選人，因此立場鮮明的候選人（如主張急統或急獨），在獲得足夠票數後仍能當選，但在新制實施後，每一選區僅能選出

民進黨宣傳車 2008總統大選，民進黨以逆風追趕，仍不敵氣勢如虹的國民黨。（王昭文攝影）

一位候選人，而選民也會獲得兩張選票，一張是圈選候選人、一張圈選屬意的政黨，因此最後立法院席次將是由區域立委及不分區立委組成，區域立委是由選民在單一選區選出，全國共分79選區，故會誕生79席立委；不分區立委則是由政黨選票分配，共有34席，兩者相加，立院共有113席立委，與上一屆立委225席相較，大幅減半。

此次選舉另一個焦點是公投議題再起，2004年總統大選中，民進黨因公投議題而得利，此次再度操作公投議題，推出「討黨產」公投，連結國民黨黨產議題，而國民黨也不甘示弱，推出「反貪腐」議題，連結民進黨執政後的貪污弊案，讓民進黨無法從公投議題中得利。

第 7 屆 立 法 委 員 選 舉 在 2008 年 1 月 12 日 舉 行，選 舉 結 果，一如外界

馬英九公仔

馬英九的健康、愛慢跑形象深植人心，其競選總統時的公仔也以此塑造。（串門文化林育如提供）

2008年立法委員選舉各政黨席次

1席，0.89%

3席，2.65%

1席，0.89%

27席，23.89%

81席，71.68%

■ 國民黨　　■ 民進黨　■ 親民黨
■ 無黨團結聯盟　■ 無黨籍

說明：中國國民黨當選81席，占總席次71.68%、民主進步黨當選27席，占總席次23.89%、無黨團結聯盟當選3席，占總席次2.65%、親民黨當選1席，占總席次0.89%、新黨當選1席，占總席次0.89%。

馬英九

馬英九在2008年總統大選大勝，讓國民黨重返執政。（中央社提供）

民進黨有資格分配，國民黨20席、民進黨14席。故總席次為國民黨81席、民進黨27席、無黨團結聯盟3席、親民黨1席、無黨籍1席。國民黨取得三分之二以上席次，加上盟友更是超過四分之三，完全掌握立法院。

在立委選舉後兩個月，第12屆總統副總統選舉於2008年3月22日登場，國民黨挾立委大勝餘威，在總統選舉創下歷史新高，此次選

預料，國民黨大獲全勝。在區域立委上，民進黨僅能在臺北縣、嘉義縣、臺南縣市、高雄縣市及屏東縣取得13席，且僅在臺南縣市及屏東縣佔有優勢，再度從濁水溪退守八掌溪。而在新制度不利小黨情形下，其他黨僅有親民黨取得1席、無黨籍團結聯盟取得3席、無黨籍取得2席，其餘61席均由國民黨囊括。而在不分區立委席次上，因規定需政黨票超過5%以上者才可分配席次，僅有國民黨及

民進黨總統大選競選標誌

2008年民進黨雖然大敗。並沒有讓民進黨崩解，仍穩住基本盤，逐步復甦。（王昭文攝影）

舉維持上屆僅有兩組人馬參選，國民黨的馬英九、蕭萬長以創紀錄的765萬8724票（58.45%），大勝民進黨的謝長廷、蘇貞昌的544萬5239票（41.55%），成為中華民國第12屆正副總統。在選舉過程中，馬英九、蕭萬長以「拼經濟」作為訴求，而民進黨仍以遊行、公投做為武器，推出「加入聯合國」的公投案，但一如立委選戰，國民黨也同樣推出「返回聯合國」的公投案，化解民進黨的公投招數，而立委與總統大選的四個公投案，也通通沒有過關。

2008年兩次大選結束後，國民黨登上高峰，不僅握有行政權，且在立法權上跨過四分之三的修憲門檻，可說是「完全執政」，民進黨則是重重摔了一跤，許多人都在注意民進黨能否再站起來，但對其他小黨來說，處境也沒有比民進黨佳，在新制度實施下，很難在立法院取得席次，從2008年開始的這段時間，臺灣政治版圖可說是國民黨一黨獨大。

2008年總統選舉各政黨得票數與比率

5,445,239票，
41.55%

7,658,724票，
58.45%

■國民黨　■民進黨

說明：中國國民黨候選人獲得7,658,724票，占58.45%。民主進步黨候選人全國共獲得5,445,239票，占41.55%。

5-11 五都時代來臨

在2008年總統大選時，重新規劃行政區域是兩黨候選人均提出的政見，因此在馬英九總統上台後，《地方制度法》於2009年通過修正，增訂各縣市得經議會通過，申請改制為直轄市，經行政院審核後，通過了新北市（原臺北縣）、臺中市（合併原臺中縣市）、臺南市（合併原臺南縣市）、高雄市（合併原高雄縣市），於2010年12月25日升格為直轄市，加上原來的臺北市，成為「五都」，桃園市隨後也於2014年也成功改制，目前臺灣共有「六都」。

因應「五都」的設立，2009年的縣市長選舉也有所變化，列名在新直轄市名單上的縣市：臺北縣、臺中市、臺中縣、臺南市、臺南縣、高雄縣，就改為參加2010年的直轄市長選舉，原有縣市長延任

一年，只要是新設的直轄市（臺北市非新設），市長任期即可重頭算起，因此像原已做了兩任的臺中市長胡志強，在2010年仍可競選第一任的新臺中市市長，加上延任一年，共在臺中市執政13年，也創下臺中市長的任期紀錄。

也因此，2009年的縣市長選舉，從原來的23縣市，僅剩下17縣市，在2009年12月5日舉行。選舉結果仍維持著國民黨的優勢，除了宜蘭縣被民進黨林聰賢重新奪回，以及花蓮縣由無黨籍傅崐萁拿下外，其他原國民黨執政縣市仍由國民黨候選人當選，臺東、金門、連江原由無黨籍、新黨、親民黨執政，也由國民黨再次執政，一來一往還多了1席。因此最後結果是國民黨拿下12席，民進黨拿下4席，無黨籍僅守住1席。

進入2010年的首次「五都」選舉，於2010年11月27

陳菊掃街拜票

首次的五都選舉，依然維持北藍南綠的態勢，本圖為陳菊2014年競選市長造勢活動。（凃建豐攝影）

朱立倫

2010年五都選戰中，最受人矚目的是朱立倫與蔡英文在新北市長的交手，兩者也將在2016總統大選中再度對決。（王御風攝影）

日舉行，雖然五都最後選舉結果，一如外界預期，國民黨的郝龍斌、朱立倫、胡志強守住了臺北市、新北市、臺中市；民進黨的賴清德、陳菊也拿下臺南市、高雄市，維持「北藍南綠」的基本盤，但與以往不同的是，賴清德與陳菊都大勝對手20%以上，反觀國民黨的朱立倫及胡志強都贏對手蔡英文、蘇嘉全不多，尤其是胡志強僅小勝3萬多票，可看到國民黨優勢的流失，而蔡英文與蘇嘉全在此役的表現，也讓他們取得2012年代表民進黨挑戰總統的門票。

綜觀2009年及2010的縣市長及五都選舉，在全台22縣市中，佔有15席，民進黨則擁有6席，且集中在南部，無黨籍僅有1席，可見國民黨的絕對優勢依然存在，但優勢逐步縮小中。

2009年縣市長及2010年直轄市長當選名單

	地區	當選人	黨籍	連任／新任	備註
2009年縣市長	基隆市	張通榮	國民黨	新任	
	宜蘭縣	林聰賢	民進黨	新任	
	桃園縣	吳志揚	國民黨	新任	
	新竹市	許明財	國民黨	新任	
	新竹縣	邱鏡淳	國民黨	新任	
	苗栗縣	劉政鴻	國民黨	連任	
	南投縣	李朝卿	國民黨	連任	
	彰化縣	卓伯源	國民黨	連任	

	雲林縣	蘇治芬	民進黨	連任	
2009年縣市長	嘉義市	黃敏惠	國民黨	連任	
	嘉義縣	張花冠	民進黨	新任	
	屏東縣	曹啟鴻	民進黨	連任	
	澎湖縣	王乾發	國民黨	連任	
	花蓮縣	傅崐萁	無黨籍	新任	
	臺東縣	黃健庭	國民黨	新任	
	金門縣	李沃士	國民黨	新任	
	連江縣	楊綏生	國民黨	新任	
2010年直轄市長	臺北市	郝龍斌	國民黨	連任	
	新北市	朱立倫	國民黨	新任	原臺北縣升格
	臺中市	胡志強	國民黨	新任	原臺中縣市合併升格
	臺南市	賴清德	民進黨	新任	原臺南縣市合併升格
	高雄市	陳菊	民進黨	新任	原高雄縣市合併升格

2009年縣市長及2010年直轄市各政黨席次

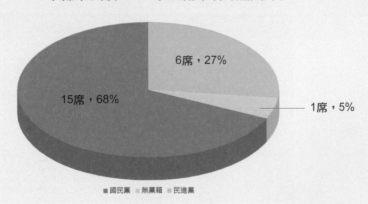

6席，27%

15席，68%

1席，5%

■國民黨　■無黨籍　■民進黨

5-12 維持優勢的國民黨

2012年是每隔四年的總統、立委大選年，也等於是對執政黨的考試，國民黨從2008年執政以來，在兩岸政策上採取積極開放，與中國保持良好互動，使得原來緊繃的兩岸氣氛緩和，但在內政上，從八八風災到國光石化設廠，都引起許多爭議，也讓其支持度，不若4年前的居高不下，但仍維持優勢。

2012年的兩場選舉，由於時間過於接近，故從本屆起合併舉行。此次總統大選共有3組人馬參選，除了尋求連任的馬英九總統（副手更換為吳敦義先生），在民進黨危急時刻擔任民進黨主席，讓民進黨逐漸回穩的蔡英文，與在2010年臺中市長一役中表現亮眼的蘇嘉全搭檔，代表民進黨挑戰馬英九。從2000年後僅於2008年缺席的宋楚瑜，再度代表親民黨，共同角逐2012年的總統大選。

1月14日的選舉結果，馬英九、吳敦義搭檔以689萬1139票擊敗蔡英文、蘇嘉全的609萬3578票，以及宋楚瑜、林瑞雄的36萬9588票，雖然仍是獲得過半選票，但已不若四年前狂勝對手212萬票的風光。

反核遊行

核能問題一直是近年來大選的重要議題，馬英九總統的第二任內更有多次反核大遊行舉行。（王御風攝影）

2012年總統選舉各政黨得票數

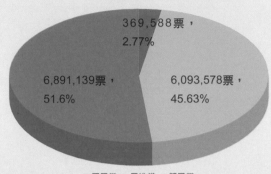

369,588票，
2.77%

6,891,139票，
51.6%

6,093,578票，
45.63%

■ 國民黨　■ 民進黨　■ 親民黨

說明：中國國民黨候選人獲得6,891,139票，占51.60%、民主進步黨候選人共獲得
6,093,578票，占45.63%、親民黨候選人共獲得369,588票，占2.77%。

　　同樣的，立委選舉結果也類似，總
席次113席中，國民黨依舊維持過半的64
席，但與2008年的81席相比，卻整整滑落
17席，民進黨的40席，雖然仍無法抗衡，
但比起上一屆的27席，多了13席，成長速
度驚人，尤其是除了在南部仍維持「南
綠」傳統外，在臺東、宜蘭也攻下唯一一
席立委。這四年幾乎沒有空間的台聯及親
民黨也趁勢而起，兩黨在政黨票突破5%的
門檻，各分配到3席及2席，親民黨再加上
原住民立委的1席，與台聯均獲得3席，能
夠在立法院成立黨團，重新活躍於政治版
圖上，也見到國民黨絕對優勢的鬆動。

蔡英文競選看板

民進黨2008重大挫敗後，在黨主席蔡英文帶領下迅速
回穩，蔡英文也出馬角逐2012總統，雖然落選，但
頗獲肯定，仍繼續代表民進黨角逐2016總統大選。
（陳大觀攝影）

2012年立法委員選舉各政黨席次

1席，0.88%

2席，1.77%

3席，2.65%

3席，2.65%

64席，56.64%

40席，35.4%

■國民黨　■民進黨　■親民黨
■台聯　　■無黨團結聯盟　■無黨籍

說明：中國國民黨當選64席，占總席次56.64%、民主進步黨當選40席，占總席次
　　　35.40%、台灣團結聯盟當選3席，占總席次2.65%、親民黨當選3席，占總席
　　　次2.65%、無黨團結聯盟當選2席，占總席次1.77%、新黨當選1席，占總席
　　　次0.88%。

　　此次選舉共產生113席，國民黨64席最多，仍過半掌有立院，民進黨也有40席，維持第二大黨，台聯與親民黨各有3席，成為第三大黨，另有無黨團結聯盟2席及無黨籍1席。

　　從2005年開始，一路向上攀爬的國民黨，在2012年大選中，仍然能以過半優勢掌握行政及立法權，但也可看到向下滑落的警訊，這也反映在2014年的縣市長選舉中。

國民黨

國民黨在2008年奪回政權後，直到2012年的選舉，仍然維持優勢。圖為位於臺北市八德路上的國民黨中央黨部大樓。（林雪攝影）

5-13 國民黨大崩盤

自從1996年總統民選以來，臺灣開始邁入兩大黨輪流執政的態勢，從長時間來觀察，可發現每次重要轉折點都是在縣市長選舉。1997年的縣市長大選，全台23縣市（不含北高），民進黨拿下12個縣市、國民黨雖拿下8縣市，但有5縣市是花東及離島，2000年政黨輪替，民進黨首度執政。2005年的縣市長選舉中，輪到民進黨僅能堅守南部6縣市，國民黨席捲14縣市，

2008年國民黨重回總統府。2014年的縣市長選舉，是首次將直轄市與其他縣市合併選舉，結果在全台22縣市中，國民黨退回6縣市，民進黨拿下13縣市，包含4個直轄市，歷史的趨勢是否依舊不變，就要靜待2016年總統大選結果。

本次選舉是直轄市與其他縣市首次合併選舉，因從總統直選後，臺灣上至總統、下至鄉鎮村里長，均由民眾投票選舉出，幾乎年年有選舉，不僅花費甚多，也引起許多民眾反感，認為應將選舉合併進行，否則過於擾民，於是在2009年

> **太陽花學運**
>
> 2014年因立法院審理兩岸服貿協議，引起學生佔領立法院的太陽花學運，也是當年大選的重要變數。（徐乙仁攝影）

修訂的地方制度法中，將原於2013年任期結束的第16屆縣市長延任一年，使其能夠在2014年與直轄市長共同選舉，此次選舉就涵蓋了直轄市長、市議員、縣市長、縣市議員、共9項選舉，稱為「九合一選舉」。而在直轄市部分，原桃園縣因人口超過200萬，也符合升格標準，於2014年12月25日升格為第六個直轄市，一般人將這六個直轄市稱為「六都」。

也如同陳水扁總統的第2屆任期，馬英九總統在第2屆任內風波不斷，先是因土地開發所引起的「士林文林苑」、「苗栗大埔」等事件，後來又爆發頂新的食用油事件，以及士兵在軍中被虐死的「洪仲丘事件」，後又因國民黨在立法院欲強行通過兩岸服務貿易條例，引起抗議學生不滿，佔領立法院的「太陽花事件」，使得馬政府民意支持度直直下滑，也反映在此次選戰中。

此次選戰於2014年11月29日舉行。全國焦點集中於臺北市長一役，在「北藍南綠」結構下，民進黨對於競逐臺北市長興趣不大，最後選擇支持無黨籍，未曾投身過選戰的台大

醫院創傷醫學部主任柯文哲，迎戰前副總統連戰之子連勝文。外界原本看好擁有堅實藍營基本盤的連勝文，卻不料選戰開打後，柯文哲一路領先，最後更以244,051票差距獲勝。

在柯文哲旋風帶領下，民進黨除了原本的南部大本營外，北部的基隆市、桃園市、新竹市，以及中部的臺中市、彰化縣均成功攻下，從上一次的6縣市，大幅成長至13縣市，國民黨則從原先的15縣市衰退至6縣市，兩者可說主客易位，而無黨籍也有臺北市柯文哲、花蓮縣傅崐萁及金門縣陳福海三縣市，柯文哲更帶動「第三勢力」旋風，許多小黨再起，但成效如何，需看2016年立委大選之結果。

「改變成真」春聯

2014年大選中，最受人矚目是臺北市長由無黨籍柯文哲奪下，其競選口號「改變成真」也成了第二年的市府春聯。（王御風攝影）

2014年直轄市長及縣市長當選名單

	地區	當選人	黨籍	連任／新任	備註
2014年 直轄市長 及縣市長	臺北市	柯文哲	無黨籍	新任	
	新北市	朱立倫	國民黨	連任	
	桃園市	鄭文燦	民進黨	新任	原桃園縣升格為直轄市
	臺中市	林佳龍	民進黨	新任	
	臺南市	賴清德	民進黨	連任	
	高雄市	陳菊	民進黨	連任	
	基隆市	林右昌	民進黨	新任	
	宜蘭縣	林聰賢	民進黨	連任	
	新竹市	林智堅	民進黨	新任	
	新竹縣	邱鏡淳	國民黨	連任	
	苗栗縣	徐耀昌	國民黨	新任	
	南投縣	林明溱	國民黨	新任	
	彰化縣	魏明谷	民進黨	新任	
	雲林縣	李進勇	民進黨	新任	
	嘉義市	涂醒哲	民進黨	新任	
	嘉義縣	張花冠	民進黨	連任	
	屏東縣	潘孟安	民進黨	新任	
	澎湖縣	陳光復	民進黨	新任	
2014年 直轄市長 及縣市長	花蓮縣	傅崐萁	無黨籍	連任	
	臺東縣	黃健庭	國民黨	連任	
	金門縣	陳福海	無黨籍	新任	
	連江縣	楊增應	國民黨	新任	

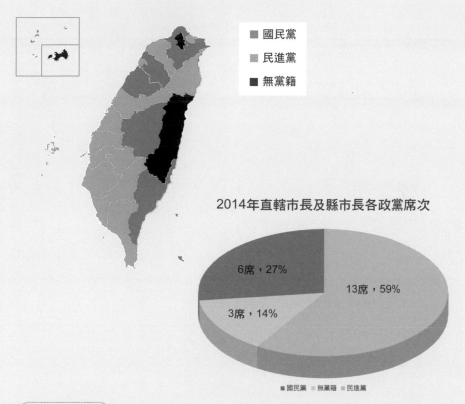

2014年直轄市長及縣市長政黨席次分布圖

國民黨
民進黨
無黨籍

2014年直轄市長及縣市長各政黨席次

6席，27%

13席，59%

3席，14%

■國民黨 ■無黨籍 ■民進黨

參考書目

江大樹、陳仁海，《臺灣全志（卷四）政治志・選舉罷免篇》（南投：國史館臺灣文獻館，2007）。

若林正丈，《臺灣の政治──中華民國臺灣化（戰後史）》（東京：東京大學出版社，2008）。

陳世宏，《李登輝先生與臺灣民主化》（臺北：玉山社，2004）。

陳翠蓮，《臺灣全志（卷四）政治志・民意機關篇》（南投：國史館臺灣文獻館，2007）。

鄭梓、蔡博任、蔡郁蘋、彭慧媛、王御風，《續修臺中縣志選舉志》（臺中：臺中縣政府，2010）。

國家圖書館出版品預行編目資料

台灣選舉史／王御風著.
──初版.──臺中市：好讀，2016.1
面： 公分，──（圖說歷史；45）

ISBN 978-986-178-372-7（平裝）

1. 選舉 2. 歷史 3. 臺灣

573.309   104025741

好讀出版

圖說歷史 45

台灣選舉史

作者／王御風
總編輯／鄧茵茵
文字編輯／莊銘桓
美術編輯／蔡艾倫
發行所／好讀出版有限公司
臺中市 407 西屯區何厝里 19 鄰大有街 13 號
TEL:04-23157795　FAX:04-23144188
http://howdo.morningstar.com.tw
（如對本書編輯或內容有意見，請來電或上網告訴我們）
法律顧問／陳思成律師

戶名：知己圖書股份有限公司
劃撥專線：15060393
服務專線：04-23595819 轉 230
傳真專線：04-23597123
E-mail：service@morningstar.com.tw
如需詳細出版書目、訂書，歡迎洽詢
晨星網路書店 http://www.morningstar.com.tw

印刷／上好印刷股份有限公司 TEL:04-23150280
初版／西元 2016 年 1 月 1 日
定價：320 元

如有破損或裝訂錯誤，請寄回臺中市 407 工業區 30 路 1 號更換（好讀倉儲部收）

Published by How-Do Publishing Co., Ltd.
2016 Printed in Taiwan
All rights reserved.
ISBN 978-986-178-372-7

讀者回函

只要寄回本回函，就能不定時收到晨星出版集團最新電子報及相關優惠活動訊息，並有機會參加抽獎，獲得贈書。因此有電子信箱的讀者，千萬別吝於寫上你的信箱地址

書名：**台灣選舉史**

姓名：＿＿＿＿＿＿＿＿ 性別：□男 □女 生日：＿＿＿年＿＿＿月＿＿＿日

教育程度：＿＿＿＿＿＿＿＿＿＿＿＿＿＿＿

職業：□學生 □教師 □一般職員 □企業主管
　　　□家庭主婦 □自由業 □醫護 □軍警 □其他＿＿＿＿＿＿＿＿＿＿＿

電子郵件信箱（e-mail）：＿＿＿＿＿＿＿＿＿＿＿＿ 電話：＿＿＿＿＿＿＿＿

聯絡地址：□□□＿＿＿＿＿＿＿＿＿＿＿＿＿＿＿＿＿＿＿＿＿

你怎麼發現這本書的？

□書店 □網路書店（哪一個？）＿＿＿＿＿＿＿＿ □朋友推薦 □學校選書

□報章雜誌報導 □其他＿＿＿＿＿＿＿＿＿＿＿＿＿＿＿＿＿＿＿

買這本書的原因是：＿＿＿＿＿＿＿＿＿＿＿＿＿＿＿＿＿＿＿

□內容題材深得我心 □價格便宜 □封面與內頁設計很優 □其他＿＿＿＿＿＿

你對這本書還有其他意見嗎？請通通告訴我們：

＿＿＿＿＿＿＿＿＿＿＿＿＿＿＿＿＿＿＿＿＿＿＿＿＿＿＿＿＿＿＿

你買過幾本好讀的書？（不包括現在這一本）

□沒買過 □1～5本 □6～10本 □11～20本 □太多了

你希望能如何得到更多好讀的出版訊息？

□常寄電子報 □網站常常更新 □常在報章雜誌上看到好讀新書消息

□我有更棒的想法＿＿＿＿＿＿＿＿＿＿＿＿＿＿＿＿＿＿＿＿＿＿＿

最後請推薦五個閱讀同好的姓名與 E-mail，讓他們也能收到好讀的近期書訊：

1.＿＿＿＿＿＿＿＿＿＿＿＿＿＿＿＿＿＿＿＿＿＿＿＿＿＿＿＿＿＿＿

2.＿＿＿＿＿＿＿＿＿＿＿＿＿＿＿＿＿＿＿＿＿＿＿＿＿＿＿＿＿＿＿

3.＿＿＿＿＿＿＿＿＿＿＿＿＿＿＿＿＿＿＿＿＿＿＿＿＿＿＿＿＿＿＿

4.＿＿＿＿＿＿＿＿＿＿＿＿＿＿＿＿＿＿＿＿＿＿＿＿＿＿＿＿＿＿＿

5.＿＿＿＿＿＿＿＿＿＿＿＿＿＿＿＿＿＿＿＿＿＿＿＿＿＿＿＿＿＿＿

我們確實接收到你對好讀的心意了，再次感謝你抽空填寫這份回函

請有空時上網或來信與我們交換意見，好讀出版有限公司編輯部同仁感謝你！

好讀的部落格： http://howdo.morningstar.com.tw/

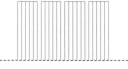
購買好讀出版書籍的方法：

一、先請你上晨星網路書店 http://www.morningstar.com.tw 檢索書目
　　或直接在網上購買

二、以郵政劃撥購書：帳號 15060393 戶名：知己圖書股份有限公司
　　並在通信欄中註明你想買的書名與數量

三、大量訂購者可直接以客服專線洽詢，有專人爲您服務：
　　客服專線： 04-23595819 轉 230 傳眞： 04-23597123

四、客服信箱： service@morningstar.com.tw